VIVE LA CHASSE

Saint-Amand. — Imp. de Destenay.

VIVE

LA

CHASSE

PAR

BÉNÉDICT HENRY RÉVOIL

PRÉFACE

PAR ALEXANDRE DUMAS

PARIS

LIBRAIRIE ACHILLE FAURE

18, RUE DAUPHINE, 18

———

1867

PRÉFACE

Voici un volume de « nouvelles de chasse et de pêche, » récits de voyages que je recommande d'une façon toute spéciale à mes amis et aux amis de mes amis.

Révoil porte un nom aimé de tous nos confrères en saint Hubert. Il les a souvent amusés et instruits dans les colonnes des journaux qui traitent de chasse et de pêche, et ces narrations de tous les pays, il les réunit en volume avant de recommencer une autre carrière avec la *Chasse illustrée*, journal à la tête duquel vient de le placer cette maison respectable et honorée des libraires Didot.

Je conseille à tous mes confrères de chasse et même de pêche, — et j'ajoute en passant, que Révoil a des prétentions à ces deux grands arts, qui ont l'avantage sur les autres d'être des amusements, — de lire ce volume. Ils auront certes autant de plaisirs à feuilleter attentivement ces pages, que j'en ai, moi, à leur en recommander la lecture.

ALEXANDRE DUMAS.

CHASSES AUX PUMAS

DANS LE YUCATAN

CHASSES AUX PUMAS

Une expédition de chasse, à travers les forêts du Yucatan, ressemble toujours à une marche de guérillas, car il faut, avant toutes choses, avoir l'oreille au guet, les yeux grands ouverts, le fusil armé, prêt à se défendre contre les animaux carnassiers, errant la nuit et le jour, dans les méandres du désert. Les routes sont des plus abruptes, bordées souvent, d'un côté et de l'autre, de précipices dont le fond est un abîme. Ajoutez à cela la chaleur torride du soleil qui brûle comme les flammes d'un four, fait battre les tempes, dessèche les lèvres, et insinue bientôt la fièvre, poison mortel, dans les veines gonflées.

Pendant mon voyage de la Laguana de Terminos à Merida, en 1847, je souffrais de la chaleur, je l'avoue, mais moins que n'eût pu le faire un Européen du Nord, et cela grâce à mon origine méridionale, à mon éducation faite sous le ciel brûlant de la Provence; et puis je me hâterai de dire que l'aspect admirable de la nature que j'avais sous les yeux m'absorbait entièrement. Je regardais, avec un étonnement impossible à décrire, les orchidées incomparables, attachées à des arbres gigantesques et embaumant l'espace de leurs parfums suaves et pénétrants. Je contemplais les papillons couleur d'or et de feu voltigeant de fleur en fleur; les volées de *papagals,* dont les cris stridents troublaient seuls le silence de la forêt; l'éclat et le vert brillantin des feuilles de tous les arbres et la force de la végétation.

Les péones qui me servaient de guide, attachés à l'hacienda del señor Peralez, mon hôte, m'avaient annoncé la présence des pumas dans les bois que nous traversions; mais ce que je redoutais plus encore que les lions américains, c'était les serpents, dont la morsure est souvent mortelle. J'étais persuadé que je parviendrais mieux à me débarrasser des atteintes des premiers qu'à éviter les dents des seconds.

Le puma est un animal d'un naturel lâche, qui n'attaque jamais le voyageur que poussé par la faim qui l'aiguillonne. Et puis d'ailleurs il rugit, il s'élance et on a le temps de le voir venir.

D'un autre côté, si ce terrible animal se jette sur les péones du Yucatan, c'est qu'ils sont à peine couverts, et que la vue de la chair à nu excite sa convoitise, tandis que les gentlemen américains ou européens sont revêtus de vêtements blancs ou de drap, d'un serape, et que ces habits effrayent le puma. Quant aux serpents à sonnettes et aux « corals (1), » on les rencontre toujours, les uns sur le sol, enroulés, les autres accrochés autour d'une branche d'arbre, et prets à se lancer sur vous sans attendre qu'on les ait dérangés. La blessure est toujours mortelle, à moins qu'on ait sous la main les herbes à serpents

____

(1) Le coral (autrement dit serpent corail) est d'un rouge assez terne, long d'environ 20 à 25 centimètres, a les anneaux d'or et de velours noir, et ressemble fort à un bracelet de femme. On le rencontre toujours enroulé à l'extrémité des branches qui tombent sur les chemins des forêts.

1*

qui croissent d'ordinaire partout où l'on trouve un de ces reptiles (1).

Enfin, si les pumas sont quelquefois dangereux, les serpents le sont toujours, car ils font le mal sans avoir besoin de se défendre, l'homme n'ayant jamais l'intention de les attaquer, mais bien plutôt de les fuir.

Je reviens aux pumas de l'Amérique et déclare qu'ils sont de mœurs très-débonnaires, surtout quand ils ont bien dîné.

Un de mes péones me racontait qu'un jour, accompagnant à l'hacienda de son maître un caballero de Valladolid, il avait été témoin d'un fait d'une audace sans pareille.

Le señor Portal dal Rocco passait le premier dans le sentier de la forêt, monté sur un mustang d'un noir d'ébène, quand tout à coup le péone avait vu

(1) Les Peaux-Rouges m'ont souvent montré dans les déserts américains une plante qui guérit de la morsure des serpents à sonnettes, ou tout au moins à l'aide de laquelle on prévient la mort. J'en ai vu les effets sur le bras d'un de mes camarades de chasse, mordu très-dangereusement. La simple, qui guérit le poison du coral, dans le Texas, s'appelle *guasco*. On assure que ce poison n'est rien autre chose que de l'acide prussique, et cela parce que le serpent une fois tué exhale une odeur d'amande très-prononcée.

son cheval faire un écart terrible qui faillit renverser
l'habile cavalier.

— Dal Rocco, continua mon serviteur, maintint
son mustang et tira de sa ceinture un large couteau,
afin d'être prêt à soutenir l'attaque, de quelque côté
qu'elle vînt. Je m'étais arrêté tout court et cherchais
à empêcher ma mule de se cabrer, lorsque entre ses
deux oreilles, qui me servaient de point de mire,
j'aperçus à dix pas devant le caballero, un énorme
puma qui se léchait gastronomiquement les mousta-
ches. Dal Rocco chercha d'abord à magnétiser le
monstre; mais celui-ci ne se laissa pas influencer.
Pendant que ceci se passait, le mustang, l'oreille
droite, le poil hérissé, s'efforçait de rebrousser chemin; mais l'éperon de son cavalier le maintenait en
place malgré lui. Tout d'un coup le caballero éleva
la voix et chercha à persuader au puma que ce qu'il
avait de mieux à faire était de lui céder la place et
d'aller chercher pâture à tous les diables. L'animal,
au lieu de se laisser persuader, ouvrit sa gueule et
montra ses dents.

— Ah! coquin! manant! s'écria alors le señor, je
te fais l'honneur de te donner un conseil, et tu fais
l'insolent avec moi, très-bien, je vais t'apprendre à
vivre.

Descendant de son cheval, dal Rocco alla l'attacher à un arbre et revint en face du puma, un révolver à la main, ayant six coups de feu à lâcher.

— Un mot encore, fit-il. Tu vois que je suis armé et que ta vie est dans mes mains; j'ai six balles à ma disposition pour trouer ta peau de chien. Du premier coup je te crèverai l'œil droit, du second je te percerai le flanc, du troisième je te casserai une patte de devant, du quatrième une cuisse, du cinquième l'œil gauche, et du sixième le cœur; au besoin je t'achèverai à coups de couteau. Fais donc ton examen de conscience; je te donne trois minutes pour réfléchir : la fuite ou la mort.

Le puma n'avait pas bougé.

— Tu t'entêtes, répliqua dal Rocco, tu fais le bravache. Eh bien! attention, je vais te prouver mon adresse, afin que tu saches bien que je ne t'ai point menti. Tu vois cette petite fleur rouge qui croît à côté de ta patte gauche, je vais la couper au pied.

Il fit feu, et la fleur s'inclina, ne tenant plus à la tige.

A cette détonation, le puma s'était redressé, les yeux injectés de sang, battant ses flancs à l'aide de sa queue. Il rugit, et les échos de la forêt répétèrent cet horrible cri; puis il fit un pas en avant, comme s'il eût eu l'intention d'intimider le caballero, et celui-ci n'ayant pas bougé, il fit rapidement volte-face et se sauva comme un lâche, tandis que dal Rocco lui criait :

— *Go to hell! you damned son of a bitch*, en remontant tranquillement sur son mustang, au poil baigné d'une sueur glaciale.

Je rêvais à cette histoire que m'avait contée mon péone dans son langage expressif et m'avançais sans songer à autre chose, lorsque, tout à coup, les deux éclaireurs de la caravane poussèrent un cri et revinrent en courant sur leurs pas, pour m'apprendre qu'ils venaient de voir un énorme puma couché sur le bord de la route, et ils me montrèrent la direction qu'il avait prise en s'enfuyant.

Je descendis aussitôt de cheval et me mis à la poursuite de l'animal. En traversant d'épais buissons, à soixante mètres de là, je vis, à mon grand étonnement, le puma en sortir par l'extrémité opposée. En quelques bonds il traversa le lit desséché d'une rivière qui traversait la vallée. Aussitôt que le grand chien molosse qui m'accompagnait l'eût aperçu, il le prit sans doute pour un cerf et se lança à sa poursuite en criant à pleins poumons.

Tout à coup un des Indiens qui m'avaient suivi, me cria que le puma revenait sur nous. Ne voulant pas, sans doute, exposer sa vie, le péone se jeta au plus épais d'un fourré de ronces et de lianes.

Je regardai alors devant moi et j'aperçus, en effet, le puma, serré de près par le molosse, qui arrivait droit à moi.

L'animal franchit la rivière; il était à peine à la distance de trente mètres que j'armai ma carabine et fis feu, sans viser.

Jetant alors mon arme inutile, je me précipitai dans les fourrés, suivant, dans cette déroute insensée, la même route que le péone avait prise avant moi. En franchissant quelques roches, je dépassai le pauvre diable à qui le pied avait manqué et qui avait roulé dans le fond d'une ravine.

J'étais convaincu que le puma blessé était à notre poursuite, et je ressentais une joie féroce en sentant que je n'étais plus le dernier et par conséquent pas le plus exposé à être dévoré par lui. L'Indio revint bientôt en boitant et rejoignit deux de ses camarades à qui mon cheval avait été confié, pendant que je les assurais que mon puma avait été touché, car, au moment où je lâchais la détente de mon arme à feu, je l'avais vu relever vivement la tête.

Après quelques moments d'hésitation, les deux péones voulurent bien m'accompagner pour ramasser ma carabine. Nous nous mîmes prudemment en route, craignant à chaque instant de voir le puma se dresser devant nous. Enfin je retrouvais mon arme que je me hâtais de recharger.

Au moment de revenir sur nos pas, je voulus voir s'il n'était pas resté de sang à l'endroit où j'avais tiré. Nous avions à peine franchi une douzaine de mètres, qu'à mon grand étonnement et à ma plus grande joie, j'aperçus le puma étendu raide mort.

Il avait été tué par bien peu de chose. La balle avait effleuré le sommet de la tête sans y pénétrer, laissant une longue blessure plutôt semblable à la coupure d'une hache, qu'à l'atteinte d'un projectile.

Ce puma mesurait sept pieds six pouces et était, à ce que me dirent mes guides, le plus gros qu'ils eussent jamais vu.

On se hâta de dépouiller l'animal, dont la fourrure était admirable, et nous continuâmes notre route sans encombre jusqu'à l'hacienda du señor Armentero, — un des amis de don Peralès, — où m'attendait le plus parfait accueil et l'hospitalité la plus complète.

Je décrirais bien ici, — et ce serait la place, si tous les romanciers n'avaient pas abusé et n'abusaient pas encore de ce droit, — le site où s'élevait cette ferme mexicaine ; mais je crois inutile d'allonger le récit, et comme il s'agit de chasser aux pumas, je reste dans mon rôle de narrateur de chasses.

La dépouille de ma victime avait été fort admirée par mon hôte, et comme je lui témoignai le désir de recommencer, si faire se pouvait, il me promit de faire prendre des renseignements par ses serviteurs, de façon à savoir si on signalait quelques-uns de ces carnassiers dans le voisinage de son habitation.

Le lendemain du jour où cet ordre avait été donné par le señor Armentero, un de ses bergers, vint lui apprendre qu'il avait aperçu sur le versant d'un ravin un puma qui se chauffait, comme un chat, au soleil.

Dès le lendemain matin, nous nous empressions de nettoyer nos fusils, rouillés par une pluie battante qui nous avait assaillis la veille, pendant une chasse aux pintades (1). Puis, lestés par un bon dé-

______

(1) La pintade mexicaine, tout à fait semblable à celle de nos basses-cours, est un excellent manger. Elle sert aussi de guide aux

jeuner, nous partions précédés par trente-trois Indios nous dirigeant vers le ravin indiqué par le pâtre de l'hacienda.

La place était vide, et le señor Armentero fut d'avis de continuer notre chemin jusqu'au cañon de Funda.

L'endroit ne paraissait nullement favorable; nous résolûmes cependant de le battre, et voici ce qui nous arriva dans ce lieu, dont je vois encore le paysage comme si c'était hier que l'aventure dont je vais vous parler fût arrivée sous mes yeux.

Afin de mieux découvrir le terrain environnant. le señor Armentero et moi, nous étions montés chacun sur un arbre, et nous nous tenions là, carabine en main, prêts à faire feu.

Les rabatteurs avaient à peine commencé leur vacarme habituel que nous vîmes, à notre grande joie, un beau puma qui s'avançait lentement dans notre direction.

Nous avions résolu de le laisser approcher encore

chasseurs, car son cri annonce, à coup sûr, la présence d'un de ces carnassiers, d'une panthère, ou même d'un chat sauvage. Il arrive rarement que la pintade jette l'alarme, si elle ne voit bondir dans les bois que des sangliers ou des ours. Les singes sont aussi de précieux amis des chasseurs, et je n'oublierai pas non plus le corbeau et le pluvier qui préviennent quelquefois de l'approche du puma.

de quelques mètres, lorsqu'un serviteur de l'hacienda, hissé au sommet d'un grand arbre, derrière nous, nous héla, s'imaginant que nous n'avions pas aperçu le puma.

A ce bruit, l'animal s'arrêta, regarda autour de lui et s'élança dans une direction opposée.

Nous fîmes feu de nos deux carabines; ses rugissements nous apprirent que les balles avaient porté; mais il disparut dans un taillis, avant que nous eussions pu tirer une seconde fois.

La nuit arrivait : nous commençâmes à suivre le blessé à ses pas et au sang qui coulait sur le sol, en laissant des traces irrécusables.

Au sortir du bois toutes ces marques disparurent. Par mesure de précaution, nous postions de temps en temps un de nos hommes sur chacun des petits arbres que nous dépassions à mesure que nous avancions, le señor Armentero et moi, de quelques pas, afin d'examiner minutieusement le terrain, avant qu'il ne fût foulé par les pieds de tous ceux qui suivaient.

Tandis que nous étions ainsi occupés, un rugissement prolongé, qui s'échappa d'un petit fourré, sur notre droite, nous rendit tous immobiles.

Armentero était arrêté à trente mètres de l'endroit

où je me tenais debout, l'œil au guet, examinant des empreintes fraîches.

Au même moment, un second rugissement se fit entendre, et le puma se précipita dans ma direction. J'eus à peine le temps de décharger sur lui, en pleine poitrine, les deux coups de mon arme à feu.

Les balles ou la fumée rejetèrent le carnassier de côté et il s'élança alors dans la direction d'Armentero sur lequel il tomba, avant que mon camarade de chasse pu l'ajuster.

Je vis alors le malheureux renversé sous le puma qui hurlait d'une façon effrayante. Je dois rendre justice aux Indios qui nous accompagnaient, au lieu de fuir, ils accoururent et me présentèrent sur le champ des fusils chargés. Je visai et j'adressai deux balles à l'épaule du puma ; mais ces blessures n'eurent aucun résultat, car il commençait à traîner Armentero par le haut du bras gauche qu'il avait saisi entre ses dents, sur une pente légère aboutissant au fossé où il était d'abord couché.

Le terrain était inégal et parsemé de quartiers de rocs, de sorte que je craignais en tirant d'atteindre, au lieu et place du puma, mon pauvre compagnon, dont le visage touchait la tête de la bête féroce, il était impossible de le frapper à la poitrine.

Dom Armentero ne donnait plus aucun signe de vie : le puma continuait à le traîner en grondant sourdement et en nous regardant. Je le suivais à huit pas environ, attendant qu'il releva la tête ; enfin, après deux ou trois essais inutiles, je pus tirer.

Ma balle brisa le bas du crâne du puma qui roula mort sur le corps du pauvre Armentero.

Mon hôte était bien malade, mais par bonheur aucune des parties vitales n'avaient été atteintes. Les Indios, qui s'étaient rassemblés, se hâtèrent de façonner un brancard sur lequel on plaça le blessé à qui on donna, par ses ordres, pour oreiller, le corps du puma ; puis on se mit en route, afin de rentrer à l'hacienda des Armenteri, où nous devions assister tous à un triste spectacle.

Sur l'avenue de plantains et de bananiers qui aboutissait à la porte principale d'entrée nous vîmes accourir deux femmes, les vêtements en désordre, les cheveux dénoués. poussant des cris à fendre l'âme.

C'était la femme du señor Armentero et sa fille, à qui un péone trop zélé était allé apprendre l'événement et l'avait interprété de la façon la plus sinistre.

Il me fut impossible, tout d'abord, de faire entendre raison à dona Oliva et à sa niña Mariquata, ravissante créature de seize ans, dont les traits enchanteurs eussent transporté de joie un peintre, ou même un photographe. Enfin, peu à peu, quand le señor Armentero, qui s'était évanoui pendant la marche, rouvrit les yeux et put s'exprimer, il se chargea lui-même de consoler sa digne moitié et son gracieux rejeton. Je joignis mes paroles aux siennes, si bien qu'en passant sous le porche principal de l'hacienda, ces beaux yeux s'étaient séchés : ce n'était pas encore de la joie, mais il n'y avait plus de chagrin dans l'expression de leurs regards.

Huit jours durant, le señor Armentero demeura étendu sur sa *trabuca,* couvert de cataplasmes d'eau et de sel et de plantes aromatiques qui ressemblaient fort à l'arnica, si bien qu'un beau matin il put essayer ses forces et se trouver assez remis pour vouloir monter à cheval.

Il va sans dire que les dames du logis et moi-même, nous nous opposâmes à pareille folie. Tout ce qu'on permit au maître de *Buenas Hierbas* fut de faire une promenade dans la « volante », avec cette condition qu'elle irait au pas.

Ce qui fut dit fut fait, et l'on recommença, ainsi pendant une autre semaine, jusqu'à ce qu'enfin le convalescent se trouvât tout à fait rétabli.

2*

Le puma, qui avait mis en si mauvais état mon pauvre camarade, avait été dépouillé, et sa peau admirablement séchée fit partie de mes bagages, lorsque j'adressai mes adieux à cette aimable famille, dont j'ai toujours gardé le plus agréable souvenir.

L'année suivante, me trouvant à Balize, près du golfe de Honduras, en compagnie d'un ancien ami de New-York, qui était venu s'établir sur les rives de Rio-San Felipe de Bacalar, pour y acheter du riz et du bois de teinture, Davidson, — tel était le nom de ce Yankee, — me proposa un certain jour d'aller chasser les peccaris dans une savane marécageuse où ils avaient établi leur bauge.

Il me donna une carabine rayée à deux coups, et nous nous rendîmes à environ un mille et demi de l'habitation qu'il occupait, sous l'ombrage d'un immense caroubier. Le long de la savane s'étendait un profond ravin bordé à son extrémité par une haute montagne. Mon compagnon de chasse me fit placer à l'entrée du cañon et alla prendre position au milieu, puis, sur un signal qu'il donna à une vingtaine d'Indios qu'il avait engagés pour lui servir de rabatteurs, la battue commença.

Vingt minutes leur suffirent pour battre toute la

savane : ils avaient passé devant Davidson sans rien débusquer et ils s'avançaient de mon côté, lorsque j'entendis remuer dans les buissons.

Je crus, tout d'abord, que j'allais avoir affaire à un peccari et j'épaulai pour être prêt, quand, à ma grande surprise, je vis déboucher un admirable puma.

Sans songer à la médiocrité de mes moyens de défense et d'attaque, je déchargeai mon rifle sur l'énorme bête à qui je brisai les deux pattes de devant.

J'aurais atteint partout ailleurs le puma, qu'il se serait élancé sur moi et que rien n'aurait pu me préserver d'une mort certaine. Blessé comme il l'était, l'animal ne songea qu'à fuir et il se jeta au milieu du hallier.

Tandis que je rechargeais mon fusil, les Indios faisaient pleuvoir, du haut d'un rocher sur lequel ils étaient grimpés pour mieux apercevoir le puma, des pierres qui brisaient les branches et enfonçaient les buissons, mais qui ne produisaient aucun effet.

Dès que mon rifle fut en état, je me mis en quête du carnassier, et l'ayant aperçu, je lui logeai une balle en pleine poitrine. Le puma poussa un rugissement qui me fit frissonner, puis il bondit pour fuir dans l'espace ouvert entre le hallier et la savane.

La tactique était mauvaise, car il reçut deux ou trois coups de feu à cette place.

Il paraît que le puma n'avait point envie de mourir dans cet endroit, car il essaya de gagner en reculant le repaire d'où il était sorti.

Mon compagnon de chasse et moi, nous avions épuisé nos munitions, nous demandâmes à nos rabatteurs les cartouches que nous leur avions confiées. Les drôles avaient tout usé et nous nous trouvâmes, Davidson et moi, dans l'impossibilité de rien faire pour le moment. Il fallait renvoyer à « l'ajoupa » du Yankee ou y retourner nous-mêmes, — ce qui valait mieux, et c'est ce dernier parti que nos prîmes, afin de profiter de l'occasion pour déjeuner, car nous avions un appétit de bête fauve — « sans calembour, » comme disent certains Béotiens.

Je n'apprendrai rien à mes lecteurs en leur disant qu'on mit les morceaux doubles et qu'on se hâta de retourner au champ de bataille, muni de ce qui était nécessaire : Davidson et moi emportions chacun deux rifles et un couteau de chasse.

Nous pénétrâmes dans la savane, à pied, en suivant les traces du puma au sang qu'il avait laissé sur son passage.

Davidson l'aperçut le premier et lui adressa un

coup de feu. L'animal poussa un horrible rugissement et s'élança de notre côté. C'en était fait de
nous, si nous n'avions pas pris le parti de grimper
sur un arbre. Trois fois nous recommançâmes ce jeu-
là, jusqu'à ce qu'enfin, apercevant le puma étendu
sur le flanc, nous crûmes qu'il était mort.

Nous nous approchâmes alors, et quand Davidson
ne se trouva plus qu'à quinze mètres de distance, il
déchargea ses deux coups sur le puma ; mais tout
me porte à croire qu'il avait manqué le but, car l'a-
nimal n'avait pas bougé.

Pendant ce temps-là, moi j'avançais toujours, et
quand je me trouvai à cinq mètres seulement de
l'animal, je proposai de lui envoyer une dernière
balle, afin d'être plus sûr de son sommeil ; mais Davidson s'y opposa, prétendant qu'il était inutile de
gâter davantage la peau de « sa victime. »

Nous nous approchâmes donc ; mais aussitôt le
puma, sortant de sa léthargie admirablement feinte,
bondit de mon côté en grondant, le poil hérissé.

Davidson gagna le rocher le plus voisin, et j'en fis
autant, suivi par le puma, tandis que nos Indios, témoins de ce réveil inattendu, fuyaient à toutes jambes.

Quant à moi, j'entendais les bonds du puma sur
ma trace : ce fut un horrible moment d'angoisse et

de peur. Le seul espoir qui me restât d'échapper à ses étreintes, c'était de faire bravement volte-face et de le frapper en pleine poitrine, à l'aide de mon bowie-knife.

Au moment où j'allais engager cette lutte désespérée, le puma, trouvant plus commode de se venger sur un des Indios qui, — ayant mal à une jambe, — n'avait pas pu courir aussi vite que les autres, me quitta pour l'attaquer. Il l'atteignit en effet, et le choc entre la bête et le malheureux péone eut suffi à tuer tout autre qu'un Indio : celui-ci résista. C'était d'ailleurs le dernier effort du félin, qui tomba pour ne plus se relever.

L'animal mesurait deux mètres vingt-cinq centimètres, et avait une admirable fourrure, qui fait encore, — j'ose le croire, — la descente de lit d'une charmante créole de la Louisiane, à qui j'ai eu l'honneur de l'offrir à mon retour du Yucatan.

Ce fut pendant ce voyage, avec Davidson, que je goûtais pour la première fois à la chair de caïman.

Nous voyagions à travers bois pour retourner à la côte, et depuis trois jours nous n'avions plus de vivres frais. Le soir en arrivant à un village indien l'on nous offrit dans la hutte, où nous avions trouvé l'hospitalité, un plat que je goûtais et qui, je l'avoue, ne me plut que médiocrement.

Je demandais ce que c'était et l'on me répondit : du caïman.

Je faillis agir... — à la Romaine — et rendre mon dîner. Cependant, peu à peu les haut-le-cœur s'appaisèrent et je demandais l'explication de cette façon de se nourrir, tandis que les bois foisonnaient de gibier à poil et à plume?

On me répondit que la pêche du caïman était plus facile que la chasse aux animaux et aux oiseaux et que par conséquent les Indiens préféraient le poisson à la viande.

Dans le *jacal* de la maison on nous montra, à Davidson et à moi, deux caïmans en vie, les pattes amarrées, la queue coupée et le ventre en l'air. Cette précaution de couper la queue aux sauriens du Yucatan est assez nécessaire, sans cela ils pourraient casser les jambes à quelqu'un. L'un de ces monstres mesurait — avec sa queue — environ dix-sept pieds; quant à l'autre il était tout jeune. Tous les deux faisaient claquer leurs mâchoires, mais c'était là une démonstration inutile : leurs efforts étaient impuissants. L'odeur répandue par ces caïmans était insupportable tant elle ressemblait au musc.

L'hôte qui nous donnait la provende, — moyennant salaire, — bien entendu, car tout se paye au Yucatan, et fort cher — nous apprit qu'on s'emparait des caïmans édibles de deux manières : d'une part, avec un grand crochet garni d'un appât, de l'autre, à l'aide... des deux mains.

Je souris à cette dernière explication, et don Jacinto, en me demandant si je doutais de sa parole, ajouta :

— Si vos seigneuries veulent voir la chose, elles en ont le pouvoir.

— Oui ! certes, répondis-je, si don Jacinto veut bien me faire ce plaisir, et voici une piastre à colonnes pour celui qui nous gratifiera d'un pareil spectacle.

Don Jacinto alla sur le champ quérir un grand nègre, taillé comme un hercule, mais maigre et fort musculeux à qui il dit, lorsque celui-ci se trouva en ma présence :

— Voilà deux caballeros qui désireraient te voir amener un *lagarto* avec les mains.

— Rien n'est plus facile.

— Voici une piastre à colonnes pour toi.

— Oh ! alors, c'est fait !

Cinq minutes après, nous nous acheminions vers

un *bayou*, au centre des bois, au milieu duquel nous arrivâmes dans une pirogue conduite par le nègre. A peine débarqué, Pedro tira de sa gaine un fort poignard dont la lame longue de huit pouces semblait un énorme clou, carré à sa base. Nous marchions à sa suite, avec précaution de peur d'effaroucher le « gibier. »

Tout d'un coup, Pedro nous indiqua un point de la rive recouvert de hautes herbes et de jonc, à dix pas devant nous. Au même moment deux sauriens, à courte queue, plongèrent dans le fleuve comme deux couleuvres.

Pedro se jeta aussitôt à l'eau, le couteau aux dents, il plongea et ne reparut plus. Ce spectacle était véritablement unique et terrible. En vain mes yeux fouillaient-ils la rivière. Le remous seul nous indiquait la place ou Pedro avait disparu.

Quelques secondes — longues comme un siècle — s'écoulèrent, puis l'eau s'agita comme si elle était refoulée par un hélice, la queue du monstre frappa la surface d'un coup terrible, puis nous aperçûmes le corps dans une rapide évolution. Pedro, couvert de fanges et d'algues, se tenait sous le ventre du caïman.

L'homme et le saurien disparurent encore en teignant l'eau de sang. Je ne respirais plus, je me sentais glacé de terreur et je déplorais l'idée que j'avais eue de solliciter cette lutte.

Tout à coup l'eau s'agita de nouveau, un corps fit une trouée à l'élément et je vis Pedro remonter seul à moitié suffoqué.

— *Este hijo di p... me corto, e dedo* (Ce brigand m'a coupé le doigt, mais il est mort), s'écria-t-il en nageant vers nous.

En effet, Pedro nous montra sa main droite toute sanglante, à laquelle manquait l'index, et tandis qu'il se débarassait de la fange dont il était couvert, il nous désigna une masse jaunâtre qui flottait sur l'eau, vers l'autre rive du *bayou*.

C'était bien le caïman, le ventre en l'air et la poitrine ouverte de quatre coups de poignard. Il mesurait quatorze pieds. J'offris à Pedro une seconde piastre et je lui achetais son couteau, que je conserve encore dans ma panoplie.

Les Indios du Yucatan sont les seuls qui exécutent ces tours de force incompréhensibles. Ce qu'il y a de plus bizarre, c'est que le caïman semble fuir les Indios, tandis qu'aux Etats-Unis et au Texas ils se jetaient sur eux pour les dévorer.

On nous proposa, dans le village en question, une

chasse aux pumas, mais il fallait attendre huit jours pour rassembler tous les chameaux, et il nous était impossible de nous arrêter plus longtemps. Je refusais et Davidson aussi.

Cependant, je ne pus résister à l'attrait d'une pêche aux tortues, à l'aide d'un fer pointu emmanché d'un bâton. On appelle cela au Yucatan *clavar la tortuga.*

Le lendemain matin, avant le lever du soleil. j'accompagnais mon hôte dans son *cajuco*, que gardait un jeune homme de quinze à seize ans. Tous deux nous sondions la rivière. Il faut avoir pour réussir une certaine habitude, et mon hôte avait déjà harponné deux tortues que je n'avais encore effleuré que la carapace d'une seule. Je finis cependant par en amener une qui avait à peine six pouces de diamètre et dont le cuisinier aurait fait fi. Mon hôte avait, lui, pris cinq « chelides » de douze à quatorze pouces de diamètre, et dont la chair était succulente, assaisonnée à l'indienne, c'est-à-dire avec force épices et du jus de limon.

Quant à la chasse aux pumas à laquelle nous ne pouvions assister, notre hôte m'assurait, qu'à son avis, c'était la chasse du monde la plus innocente et la moins dangereuse, quelle que fut la férocité de la bête.

— Regardez mes chiens, nous disait-il en nous montrant quelques roquets qui mendiaient les bribes de notre festin, ce ne sont point des chiens de chasse, mais ils suivent une piste et le reste me regarde. Pendant la journée, le puma est lâche : il demeure blotti sous quelque roche, ou se tient perché sur les branches maîtresses d'un arbre, il dort. La nuit venue il est terrible. Lorsque nous le chassons, mes chiens et moi, il s'agit avant tout de trouver l'animal. Dès qu'il est lancé il grimpe sur un arbre, comme ferait un chat, puis se met lui-même en arrêt, la figure plissée, les barbes de la moustache hérissées, poussant des soupirs rauques. Il ne regarde que mon chien, aussi me laisse-t-il le temps de viser et je puis l'assassiner à mon aise. Il n'y a pas là grand mérite. Voici quelques peaux de pumas, ajouta notre hôte, et si vous voulez les accepter cela me fera plaisir.

Je choisis une seule de ces dépouilles, qui me sert encore à l'heure qu'il est de tapis de table, et que je conserve précieusement comme un souvenir de ma visite à don Jacinto.

A trois mois de là, sous les allées verdoyantes de

l'hacienda d'un colon de Mérida, à l'hospitalité duquel je m'étais confié, je vis passer à pas lents une famille de pumas, deux mâles, une femelle et deux innocents félins, à peine âgés de trois ou quatre mois. La crue des eaux d'un des affluents du Rio-Frio et du Rio-Frio lui-même avait fait sortir ces voisins dangereux de leur repaire, et ils étaient venus s'établir à peu de distance de l'hacienda del Papito, satisfaits, selon toute apparence, de trouver à leur portée des moutons, des bœufs et autres bestiaux dont ils faisaient régulièrement leur nourriture, quelle que fût la vigilance des bergers de dom Papito.

A ma vue, l'un des deux pumas s'avança en rugissant d'une façon formidable, et je me hâtai de fuir, pour avertir les maîtres et les péones de la présence de ces maudits carnassiers.

Dom Papito réunit immédiatement ses gens qu'il arma et qu'il disposa par petits pelotons de cinq ou six. Nous étions environ quarante. Ignorants du danger, les rabatteurs se dispersèrent en criant, comme s'ils allaient chasser des coyotes ou des peccaris. Un petit courant d'eau se trouvait à quelques portées de fusil de l'hacienda, et l'un des péones aperçut un puma qui se jetait à la nage pour atteindre l'autre rive sur laquelle se trouvaient déjà postés plusieurs des chasseurs de notre troupe.

L'un d'eux, un Guatémalien pur sang, se préparait tout tranquillement à se mettre à l'eau pour couper la marche au puma, lorsqu'un autre péone ajusta l'animal et lui brisa la patte.

Bientôt tous les chasseurs arrivèrent et firent un feu roulant sur l'animal, qui cherchait toujours à regagner le bord. Trois des péones osèrent l'attendre, en croisant tout simplement les baïonnettes dont leur rifle était armé. Celle du premier traversa le cou du puma qui, d'un coup de patte, brisa l'arme, envoya l'homme rouler à quatre pas, et se disposait à l'achever, lorsque deux autres rabatteurs lui envoyèrent chacun une balle à bout portant.

Le puma, blessé mortellement, se retira dans un hallier, en faisant face aux hommes, et chacun s'imagina qu'il était mort.

Le chef des péones de l'hacienda s'approcha alors sans défiance pour prendre le puma par la patte, lorsque celui-ci se mit à rugir et fit un bond prodigieux, passant heureusement par-dessus le Yucatanais, qui tomba terrifié, et qui véritablement l'avait échappé belle.

Le puma était à l'agonie; on l'acheva; il avait été

atteint de vingt-trois balles... On coupa des branches d'arbres à l'aide desquelles on forma une civière sur laquelle on plaça le cadavre de l'animal, afin de le rapporter à l'hacienda de dom Papito, où il fut écorché pour servir de descente de lit.

La femelle et les deux petits tombèrent, deux jours après, entre les mains d'un pasteur qui avait préparé une fosse au fond de laquelle se trouvait placé un mouton en vie, afin de servir d'appât aux carnassiers. La trappe avait réussi, et les trois animaux étaient tombés au fond, où le berger assomma à coups de pierre la mère et un petit atteint par maladresse. Quant au second félin, il fut pris en vie, porté à doña Pepita Papito, qui l'éleva comme on élève un chat. Cela alla fort bien pendant trois mois, m'at-on assuré, mais, au bout de ce temps-là, le jeune élève montra des dispositions tellement féroces qu'on fut obligé de lui envoyer une balle dans la tête. Il avait voulu dévorer la main de sa belle maîtresse.

Les Mexicains se donnent quelquefois les plaisirs d'un combat d'animaux, car, chez eux, la loi Grammont n'est malheureusement pas en vigueur. Un jour, pendant mon séjour à Mexico, en 1847, l'arène où se livrent d'ordinaire les courses de taureaux fut

témoin d'un duel entre deux pumas et deux buffalos.
Ce n'était point un spectacle nouveau pour les ci-
toyens de la Ciudad-Real, mais pour les Américains
et les Européens qui séjournaient alors à « Mejico, »
le spectacle était des plus attrayants.

Je laisse de côté la description de la place des To-
reros, une des plus pittoresques du Mexique. Dès que
la foule eut envahi les gradins et se fut placée aux
fenêtres, quand l'heure eut sonné, on ouvrit une
cage placée dans un enfoncement sous les gradins et
nous vîmes sortir d'abord un puma mâle, puis ensuite une femelle qui, tous deux, étaient d'une taille
effilée et ressemblaient, à peu de chose près, à deux
lionnes; car le mâle du puma n'a point de cri-
nière.

Les deux carnassiers étaient contenus dans une
espèce de boyau composé de barreaux en bois solide
et en treillage de fer, lequel s'avançait jusqu'au milieu de l'arène, de façon à laisser voir les évolutions
des animaux, jusqu'au moment où il serait temps de
les lâcher en face des deux buffalos.

Rien n'était plus curieux que de voir ces deux félins se démener dans leur cage légère qu'ils eussent
pu briser, d'un seul coup de patte, s'ils en avaient
eu la pensée.

Enfin, les cris de la multitude devinrent tels, que les entrepreneurs du spectacle comprirent qu'il était temps de faire commencer la bataile.

On lâcha alors deux magnifiques buffalos, pleins de fougue et d'ardeur, qui caracolèrent autour de la place, de ci, de là, et finirent par se poser d'un air de défi, devant l'orifice du boyau, où rugissaient les pumas. Au moment où on s'y attendait le moins, à l'aide d'une corde, on souleva une trappe qui laissa béante la gueule de la cage et, tout à coup, les deux animaux sortirent en rampant de cet asile, prêts à s'élancer sur les bisons. Ceux-ci se tenaient sur la défensive, et, quand les pumas prirent élan, ils bondirent en avant, évitant l'étreinte de leurs ennemis. A la seconde passe, cependant, il fallut compter, avec eux, et les bisons se plaçant l'un près de l'autre, attendirent la tête en bas, prêts à repousser à coups de cornes cette attaque inévitable.

Les pumas, avec plus de précaution que la première fois, rampèrent d'abord, puis, tout d'un coup. s'élancèrent en se cramponnant comme ils le purent, sur la bosse fourrée des deux taureaux, les pieds de devant retenus sur le front de chaque bête, de façon à pouvoir déchirer leurs yeux à belles dents et à les aveugler.

Les bisons, qui comprenaient le danger, se liguè-
rent ensemble pour vaincre, et l'on vit bientôt les
deux pumas martelés l'un contre l'autre sur le front
des taureaux qui s'avançaient et se reculaient de façon à se servir de leur tête comme d'une enclume
sur laquelle ils auraient forgé leurs pumas.

A la seconde secousse, l'un des bisons avait as-
sommé son ennemi, qui tomba pantelant sur le sable
de l'amphithéâtre.

Le deuxième puma, soit qu'il eût compris le danger, soit qu'il trouvât préférable de changer de tactique, s'était jeté de côté; et, au lieu de se crampon-
ner sur le bison, se lançait sur lui, sans s'accrocher,
cherchant à lui crever les yeux, à l'aide de ses on-
gles. Il réussit sur l'un des deux animaux; mais
l'autre accourant au secours de celui qui venait d'être
victime d'un aussi déloyal attentat, arriva rapide
comme la foudre, par derrière, adressant un terrible
coup de tête au puma et le lança en l'air en lui bri-
sant les côtes.

Le puma retomba lourdement sur le sol où, sans
lui donner le temps de se reconnaître, les deux bisons se ruèrent sur lui et le piétinèrent jusqu'à ce
que mort s'ensuivît.

La foule battait des mains; les señoras jouaient de

l'éventail et de la prunelle. On voyait que les *toros* avaient acquis l'estime et l'approbation de ces *afficion-naaos* enragés qui, un moment après, cependant, se livraient, entre les deux bisons, devenus furieux, à la plus incroyable « course » qu'il soit donné à un Européen de contempler.

Les *espados*, les *banderillos*, les *picadors*, les *majos*-amateurs et toute l'escouade des jouteurs de taureaux remplaçaient les deux pumas, pour mettre à mort les heureux vainqueurs que pourtant la foule avait acclamés et qui de la tête rendaient leur salut au public :

Morituri te salutant.

Leur courage n'avait pas trouvé grâce devant la cruauté des Mexicains. Ici moururent, en effet, ces deux pauvres bisons qui avaient opposé la force à la ruse et qui ne pouvaient pas lutter contre l'adresse. J'ai toujours vivement regretté que les deux pauvres bêtes n'eussent pas été amnistiées.

On devait bien cette grâce à la victoire qu'ils avaient remportée.

UN

CHANTEUR EN VOYAGE

CHANTEUR EN VOYAGE

A la clarté bien douce, mais un peu pâle, de deux bougies placées sur une petite table, au milieu de la salle basse de l'un des plus vieux manoirs de l'antique Bretagne, un curé et le propriétaire de ce manoir jouaient une partie d'échecs.

Le marteau de la cloche frappait neuf heures à l'horloge d'un village assez éloigné; mais le vent soufflait par grosses bouffées et faisait voyager dans les airs le son chargé de mesurer le temps. La nuit était venue ; la lune absente d'un ciel vide d'étoiles, l'air bien lourd, tout présageait un orage des premiers jours d'automne.

Par moments s'élevait aux deux extrémités du domaine un bruit sourd : c'était, d'un côté, la mer en face des tourelles au nord ; de l'autre, une vaste forêt vis-à-vis les autres tourelles, situées au midi ; et comme la mer et le feuillage, également agités, murmuraient et grondaient à la fois, les quatre tourelles semblaient autant d'aiguilles de rochers égarées sur l'immensité de l'Océan.

La partie d'échecs se poursuivait au milieu de ce bruit du dehors et du silence de l'intérieur, car rien ne troublait ce silence. Les joueurs attentifs poussaient devant eux les pions, les cavaliers et les tours, sans dire le moindre mot. Cela durait depuis le commencement de la soirée, lorsque le curé s'écria :

— Échec et mat !

Son adversaire répondit :

— Partie perdue... A une autre.

— Mais voilà la sixième que je vous gagne.

— Eh bien ! voyons si la septième ne tournera pas la chance en ma faveur : une sur sept, je m'en contente.

— Je crains que vous n'ayez pas cette satisfaction.

à peu près tous les soirs je fais votre partie, et presque tous les soirs vous êtes battu, mon cher monsieur Estrégnat.

— Là, je vous y prends, curé, de la vanité !

— Non, assurément; je joue fort mal, je le sais; de plus, les échecs ne m'amusent guère, vous le savez; il n'y a donc pas de vanité à faire acte de patience. Je ne puis même pas dire que ma résignation et ma complaisance servent à nous distraire, car vous n'aimez guère plus que moi les échecs.

— C'est vrai, mais c'est un noble jeu; et puisque je suis devenu riche, très-riche, puisque j'ai un château, il faut bien que j'y vive à l'instar de ses anciens maîtres. J'ai trouvé, parmi le mobilier de cette salle, un échiquier; dans la pièce voisine, un billard; dès lors c'était pour moi une obligation de me servir, quoique maladroitement, et du billard et de l'échiquier. Oh! si je consultais mes anciens goûts, j'aimerais mieux une petite partie de piquet; mais le piquet est bien bourgeois, bien artisan; c'était bon lorsque, dans Aurillac, au milieu des montagnes de mon Auvergne, je faisais à grands coups de marteau façonner de c't et moi les chaudrons par centaines, lorsque je me mettais moi-même à l'œuvre. A ce temps, déjà loin mais non pas oublié, on me voyait le dimanche, au sortir de la messe (car j'ai toujours été à la messe, monsieur le curé; je n'ai pas attendu pour cela d'être riche), on me voyait, les cartes à la main, me délasser des fatigues de la semaine. Je n'ai plus de fatigues, partant plus de délassement; je vis en châtelain. J'ai fait fortune, j'ai un château, et le chaudronnier est gentilhomme, l'Auvergnat est Breton.

— Mon paroissien! mon paroissien! vous m'accusiez de vanité pour avoir gagné une modeste partie d'échecs : quel reproche ne méritez-vous pas, vous qui attachez la vanité aux choses d'une grande importance selon le monde? Allons, allons, soyez plus humble.

— Eh! mais ne faut-il pas avoir l'esprit de son état? J'ai l'esprit du riche.

— Prenez-y garde, mon cher monsieur Estrégnat; vous devenez modeste sans vous en douter. Souvent avoir l'esprit du riche, c'est ne pas en avoir. Au reste, c'est une compensation; il faut toujours être pauvre par quelque côté.

— Oh! pour le coup, ceci est de la malice, ou je ne m'y connais pas.

— Vous voulez donc absolument me trouver en faute?

— Non, non, j'en serais trop fâché, car vous êtes le meilleur des hommes, et, dans toute la paroisse, c'est à qui vous aimera, vous respectera. Vous êtes si bon, qu'à force de soins, vous m'avez appris à lire et à écrire. Pour l'ignorance, j'étais un enfant; vous m'avez traité comme tel. Enfin, me débarrassant de mon patois, je suis parvenu à parler une langue qui, auprès du bas breton, peut passer pour du français. Ce sont là des miracles, curé. Mais nous causons et nous ne jouons pas.

— Cela ne vaut-il pas mieux? Laissez-moi continuer, d'autant que j'ai à vous dire une vérité dont je vous promets d'être flatté. Si vous et mes paroissiens me traitez avec indulgence, moi je ne ferai qu'être juste en louant votre charité. Vous faites du bien aux pauvres : grâce à vous, à dix, à vingt lieues à la ronde, ils ont du pain pour tous les jours et des vêtements pour toute l'année. Ah! ceci est bien, très-bien. Agissant ainsi, vous ne ferez jamais le mauvais riche. L'église aussi vous doit de la reconnaissance; le conseil municipal lui avait refusé les fonds nécessaires pour restaurer son toit délabré ; la pluie tombait sur le prêtre agenouillé devant l'autel. Plus généreux que le conseil municipal, vous avez voulu que le prêtre fût abrité quand il prie, votre bourse s'est ouverte : ceci est encore très-bien. C'est que, voyez-vous, la foi et la charité marchent de compagnie. Qui aime Dieu aime les pauvres, puisque Dieu nous dit qu'ils sont nos frères; et qui aime les pauvres aime Dieu davantage, puisqu'ils nous rendent agréables à ses yeux; et comme ils appellent sur nous sa bénédiction, ils nous attachent à lui par ce nouveau lien.

— Curé, il y a plaisir à vous entendre. Voyons si j'en aurai autant à vous gagner : jouons.

— Soit, jouons.

Et la partie recommença, et le silence revint, et le vent sur la mer et dans la forêt continua de souffler, en faisant mugir les eaux et les feuilles. Ainsi quelques longs moments s'écoulèrent. Soudain le curé s'arrêta, la main en l'air, tenant son cavalier.

— Qu'est-ce donc? lui dit Estiégnat étonné.

— N'avez-vous rien entendu?

— Rien, si ce n'est le vent.

— Il m'a semblé que l'on sonnait à la grande porte du château.

— Bah! à cette heure? Tout le monde dort dans les champs et au village.

— Écoutons...

— Rien... qui pourrait-ce être?

— On est allé sans doute me chercher au presbytère, et, ne me trouvant pas, on vient me prendre
ici, où j'avais annoncé en partant que je devais passer la nuit. Je ne saurais trop me hâter.

— Attendez, je vais ouvrir la fenêtre qui donne
sur l'avenue; nous entendrons mieux. Ma foi! cela
n'est pas nécessaire : oui, l'on sonne... Voilà que l'on
redouble. Jean-Marie! allons vite! Est-ce qu'il dort,
lui aussi? Curé, je vais faire mettre un cheval à mon
cabriolet.

— Non, j'irai à pied.

— Je sais bien que vous en êtes capable. Il n'y a
ni temps, ni chemin, ni obstacle qui vous arrêtent
quand votre devoir commande. Vous croyez même
le mieux remplir quand vous marchez avec l'orage
et les dangers; mais je ne vous offre pas le cabriolet
pour votre commodité, c'est seulement pour que
vous alliez plus vite.

A ces mots, un valet de ferme entra.

— Notre maître, dit-il, on cassera la cloche, si on
n'ouvre pas.

— Savez-vous qui c'est?

— Dame, oui; ce sont deux beaux messieurs. A
travers la grille, j'ai approché ma lanterne, et j'ai
vu, ma foi, des visages bien gentils; ils disent comme

ça qu'ils demandent... attendez, c'est un drôle de mot... qu'ils demandent l'hospitalité.

— De grand cœur. Allez et amenez-les. Curé, les gentilshommes se sont toujours distingués par la manière dont ils accordent, surtout la nuit, l'hospitalité, n'est-ce pas? Tout voyageur trouve asile dans leur château.

— Qu'avez-vous besoin de songer aux mœurs et aux usages de la gentilhommerie pour vous montrer humain? Rappelons-nous les paroles de l'Évangile : *Frappez, et l'on vous ouvrira.*

— Vous avez raison. Soyons hospitalier sans faste. Si je réveillais, pour les bien recevoir, tous mes domestiques, et si je les faisais ranger en file, vêtus de leur grande livrée, celle que vous savez qu'ils mettent aux fêtes lorsqu'ils marchent derrière moi à la procession ?

— Un regard amical, une main que l'on tend avec cordialité, charment mieux un voyageur que l'aspect des laquais les mieux galonnés. Soyez humble.

— Humble! humble! c'est votre refrain. On dirait que vous ne songez jamais qu'à me faire oublier que je suis riche.

— Vous me rendez justice. C'est la plus belle portion de mon ministère.

— J'entends des pas!... les voici... Eh! mon Dieu! quelle idée... Mon château est bien isolé... si c'étaient...

— Qui donc ?

— Des voleurs !

— Que Dieu dispose de nous : la crainte de recevoir le mal ne doit pas empêcher le faire le bien.

Sur cette parole, la porte de la salle s'ouvrit, deux jeunes hommes parurent : l'un était blond; ses yeux bleus brillaient d'une expression indéfinissable; il y avait dans l'ensemble de sa tête un reflet d'Alcibiade ; sa taille élancée offrait un mélange des plus heureux de la grâce unie à la noblesse.

Quoiqu'il eût de la poussière à ses bottes, que ses habits fussent un peu en désordre, on remarquait en lui la recherche du costume, et, dans ses gestes, dans sa manière de se présenter, il était facile de deviner un habitué de la vie sociale la plus distinguée.

Son compagnon, un peu moins jeune, avec moins d'aisance et de tenue, méritait cependant d'être pris pour son ami; il ne le déparait pas.

C'étaient, en termes de l'époque, deux fashionables.

— Monsieur, dit le premier avec une grande assurance, mais d'un ton extrèmement poli; monsieur est sans doute le maître de ce château ?

M. Estrégnat s'inclina.

— Daignez donc nous pardonner notre arrivée un peu imprévue. Notre chaise de poste s'est rompue à une lieue d'ici, tout proche du village de Muzillac. Nous avons cherché une auberge, mais en vain : il y a des *Grands Cerfs* partout, excepté là. Nous avons alors demandé un gîte pour la nuit, afin d'attendre que notre chaise soit réparée. D'une voix unanime on nous a indiqué votre château; on vous a cité, monsieur, comme le propriétaire le plus hospitalier, comme l'homme le plus connu par sa manière noble et grande de vivre, un véritable gentilhomme de l'ancienne roche, nous a-t-on dit. Sur une indication, nous voilà. C'est tout à fait cette scène d'opéra-comique : une chaise de poste qui se brise ou qui verse, cela se voit sur tous les théâtres. C'est un incident fort usé; mais il est tout simple que le monde ressemble au théâtre, puisque le théâtre n'est que la reproduction plus ou moins fidèle des choses du monde.

— Messieurs, répliqua Estrégnat, dont les joues avaient pris une légère teinte de rougeur, et dont les yeux laissaient percer une joie orgueilleuse;

messieurs, je suis le maître de ce château, et j'en suis charmé, puisque... on vous a dit que j'étais riche... soyez les bienvenus... quoique je ne vous attendisse pas...

— Messieurs, se hâta de dire le curé, pour tirer d'embarras le bon M. Estrégnat, qui s'entortillait dans ses phrases; messieurs, on ne peut pas réclamer l'hospitalité avec plus de grâce; elle vous sera accordée de même. M. Estrégnat, mon ami, vit chez lui pour tout le monde; on a eu raison de vous l'apprendre à Muzillac. Je m'estime heureux, pour mon compte, de me faire son interprète et de l'aider, autant qu'il me sera possible, à vous rendre agréable le moment que vous allez passer ici.

— Oh! pour cela oui, reprit vivement Estrégnat; soyez ici comme chez vous; je vois bien ce que j'ai à faire. Jean-Marie! Viendra-t-il ce butor? Jean-Marie! Ah! vous voilà enfin. Mettez deux couverts de plus. Ces messieurs n'ont peut-être pas, comme nous enfants de la Bretagne, l'habitude de souper; mais la fatigue, le voyage, leur accident, tout cela donne de l'appétit.

— Nous acceptons avec plaisir, car je vous avouerai, et j'en demande pardon à la Bretagne, que sur toute la route, depuis Nantes jusqu'ici, nous avons

fort mal dîné. Vous allez la réhabiliter, monsieur ;
vous allez nous rappeler ce temps dont parle madame de Sévigné, alors que les gentilshommes bre-
tons, autour d'une table, passaient leurs journées à
faire grosse chère au bruit des flacons qu'ils vidaient.

— Il y a une dame qui a dit cela ?

— Et qui appartenait, par son mari, à cette province ; elle a rendu célèbre le château *des Rochers,*
qu'elle habitait, près de Rennes.

— Je ne la ferai pas mentir.

— Mais nous avons interrompu votre partie d'é-
checs ; veuillez la reprendre, je vous prie.

Estrégnat, ne sachant s'il devait céder ou refuser,
ne trouva rien de mieux à dire que ce serait avec
grand plaisir ; mais que les échecs n'étaient pas
trop du goût de monsieur le curé.

— Qu'à cela ne tienne, répliqua vivement le voyageur, je vais le remplacer.

Et s'asseyant aussitôt, il invita, d'un geste poli,
Estrégnat à prendre place vis-à-vis de lui ; mais
à peine Estrégnat eut-il avancé quelques pièces
sur l'échiquier, que le voyageur lui prononça son
arrêt.

— Au sixième coup, vous serez mat ; je vous en

avertis, monsieur, pour que vous puissiez vous défendre ; il serait cruel de vous faire une trahison.

Le coup fut porté comme il avait été dénoncé. Estrégnat, battu, ne demanda pas sa revanche ; on
passa dans la salle du billard, où l'autre voyageur
et le curé luttaient avec un avantage à peu près
égal ; le curé, cependant, eut pour lui l'habileté ou
le bonheur.

— A nous deux maintenant, dit le vainqueur des
échecs en offrant une queue à Estrégnat ; nous allons
jouer au doublé.

Et comme Estrégnat observait qu'il n'était pas assez fort pour accepter, le voyageur commença, pour
lui faire les honneurs de la partie, et poussa la rouge
avec adresse, de manière à ménager un carambo-
lage brillant et facile, qu'Estrégnat, avec un grand
aplomb, manqua complétement ; il fit fausse queue.
Alors l'étranger, tournant autour du billard, mesu-
rant d'un œil exercé les billes, se penchant avec
grâce sur la longue table au tapis de drap vert, faisant les coups les plus hardis sans avoir l'air d'y
prendre garde, priant qu'on lui indiquât son jeu,
annonçant d'avance ses calculs et quels coups il
allait faire ; l'étranger, sans s'arrêter, atteignit le
vingt-quatrième point, les ayant tous faits de suite

sans qu'Estrégnat, ébahi, ait pu rentrer une seule fois.

Le souper venait d'être servi, on se mit à table ; le voyageur prit une volaille au bout de sa fourchette et la découpa sous son couteau, qui semblait voltiger. Touchait-il le bouchon d'une bouteille de champagne, il volait ; le vin moussait, partait, pétillait, et les verres se remplissaient sans qu'une goutte de la liqueur fougueuse se répandît et fût perdue. Il était loin d'y mettre la moindre prétention, et cependant c'était lui qui faisait les honneurs du repas ; c'était lui qui soutenait, qui animait la conversation. Gai avec Estrégnat, respectueux avec le curé, toujours convenable, toujours décent, plein de traits et de saillies, il rendit le souper rapide, quoiqu'il fût près de minuit lorsqu'on le quitta.

Estrégnat, ravi, transporté d'un tel convive, ne trouva pas de moyen plus expressif, pour épancher sa joie, que de l'embrasser en l'étouffant dans ses deux bras. Vaincu aux échecs, battu au billard, éclipsé à table, presque étranger chez lui, où son hôte semblait le véritable maître, il n'en était que plus glorieux, il pensait en lui-même qu'une telle visite allait rendre illustre à jamais son château. Celui qu'il était tenté de prendre pour un voleur, il le soupçonnait volontiers maintenant d'être un roi déguisé.

— Je ne vous laisse plus partir, dit-il; demain, si l'orage, cette nuit, épargne mon château et mes domaines, demain je vous donne le plaisir d'une chasse à la grande bête dans ma forêt, qui a plus de cinq cents arpents; une chasse royale. Avant le jour, j'enverrai convoquer mes amis, mes voisins, toutes les notabilités de l'endroit, toutes les autorités de l'arrondissement.

— Va pour la chasse royale; toute la journée sera pour vous, mon cher hôte, mais le soir nous partons; on nous attend à Vannes; nous emporterons le souvenir d'une réception délicieuse. Parbleu! les postillons maladroits sont souvent bien spirituels, si le nôtre eût été habile, nous passions près de votre château sans soupçonner quel maître il recèle et quel bonheur on y trouve.

Estrégnat l'embrassa encore une fois; puis, prenant un flambeau, il conduisit lui-même les deux voyageurs dans les chambres qui leur étaient destinées.

Après les avoir quittés, mais avant d'entrer dans la sienne, il avoua au curé sa honte d'avoir pu croire à des voleurs.

— Il m'a suffi de les voir pour rougir de ma pensée ; leur bonne mine est un certificat d'honnêtes gens.

— Je les considère tels, repartit le curé, mais non d'après les mêmes apparences que vous ; la bonne mine est souvent trompeuse ; il y a des voleurs de toutes les conditions. J'aime mieux les juger par leurs discours, et surtout par un parfum de distinction qui s'exhale de toute leur personne.

Estrégnat et le curé se dirent adieu ; mais Estrégnat, une fois dans son lit, ne put défendre son esprit d'une sorte d'inquiétude à l'égard de ses hôtes. Il pensait que si, d'un côté, il était agréable de les avoir reçus, de l'autre il était triste de ne pas savoir leur nom.

Il avait bien eu quelque envie de le leur demander ; mais la crainte d'être impoli ou curieux l'avait retenu. — Ma foi, dans tous les cas, se disait-il, de tels voleurs ne sont pas faits du moins pour les grands chemins, mais pour vivre à la cour.

Après quelques autres réflexions du même genre, il ferma la paupière dans l'espoir que le sommeil viendrait se poser sur ses yeux ; il ne vint pas.

Les vents sifflaient en se glissant sous les portes et se brisaient aux angles des corridors ; il lui sem blait tantôt qu'on essayait d'entrer dans sa chambre, tantôt qu'on montait l'escalier. Comme l'insomnie augmente la peur; comme la peur enfante et multiplie les objets que l'on craint, Estrégnat aurait fini par croire que son château était devenu la caverne d'Ali-Baba, si tout à coup le vent n'eût cessé; mais il n'était plus temps de dormir; déjà on apercevait, à travers les volets des croisées, l'aube naissante.

L'orage, après s'être balancé incertain sur la grande masse d'arbres de la forêt, avait fui pour aller ouvrir au loin ses flancs chargés d'éclairs, de tonnerre et de pluie. Il n'avait laissé derrière lui qu'une brise légère, brise embaumée par le parfum des fleurs, qu'elle recueillait en courant; brise qui versait la fraîcheur sur tout le paysage.

Combien allait être beau ce jour d'automne, qui, à lui seul, rassemblerait les charmes, heureusement mêlés, et du printemps et de l'été !

L'orient était en feu; le soleil s'apprêtait à sortir du fond d'une fournaise; mais tandis que, de ce côté, la lumière étincelait ardente et rouge, de l'autre côté, les ombres voilaient encore le ciel; elles se retiraient tout doucement comme un voile que l'on replie.

— Une teinte bleue, nuancée d'or, colorait la cime

des monts ; on eût dit le bout des ailes des séraphins ;
la nature entière devinait qu'elle allait avoir sa fête,
elle se réveillait riante et parée.

Descendu dans la cour, Estrégnat donne ses ordres. Valets de ferme, domestiques, palefreniers,
tous courent sur les routes diverses, les uns à pied,
les autres à cheval. Ils portent dans toutes les direc-
tions des invitations pour la chasse. Il veut qu'elle
soit splendide, car maintenant qu'il n'est plus nuit,
qu'il n'a plus peur, que son imagination est calmée,
les deux voyageurs, ses deux hôtes charmants, ont
cessé d'être des voleurs ; ce sont de grands person-
nages. Il indique pour le rendez-vous général le
chêne séculaire au milieu du rond-point de la forêt.

C'est, d'après la tradition, le rejeton des chênes
sacrés sur lesquels les druides venaient cueillir le
gui avec leur faucille d'or.

Dans tous ses apprêts, Estrégnat avait été prévenu.
Son hôte, le voyageur aux blonds cheveux, depuis
longtemps avait inspecté les écuries, fait la revue
des chiens, séparé les vieux des plus jeunes pour
lancer d'abord les premiers ; il avait interrogé les
gardes-chasse, les piqueurs, visité les fusils, en avait
choisi un pour lui, damassé et à coup double, et

tandis qu'il l'examinait, il s'était amusé, pour l'essayer, à tirer des bécassines qui s'étaient élevées en tournoyant. Un plomb lancé d'une main sûre les avait fait tomber à ses pieds.

Les gardes-chasse, qui jusqu'alors s'étaient étonnés de voir un étranger disposer d'eux, qui se disaient tout bas : — De quoi se mêle-t-il? Est-ce qu'il nous prend pour des novices? En sait-il donc plus que nous? Les gardes-chasse, à ce coup hardi, se sentent saisis de respect, et, se rangeant autour de lui, se font un devoir d'obéir. La déférence est acquise à qui persuade promptement qu'il sait ce dont il parle, qu'il connaît ce qu'il fait.

A peine Estrégnat l'eut-il aperçu, qu'il se précipita à sa rencontre; les mains se serrèrent étroitement; les paroles s'échangèrent avec effusion.

Le curé était là : il fallut aussi qu'il suivît la chasse; vainement il veut s'en défendre : il se faisait un scrupule de ce plaisir trop mondain. Le voyageur combattit ce scrupule.

— La chasse est une véritable bataille, dit-il, il y a danger de mort; il nous faut donc un médecin pour les blessures du corps, un prêtre pour le salut de notre ame, si l'art du médecin est impuissant.

L'ami du voyageur, quoique paresseux et tardif,

arriva pourtant; il se montra plus à l'aise que la veille, d'une humeur confiante et gaie. Enfin, tout était prêt; les chiens aboyaient; les chevaux, bridés et sellés, hennissaient. Le voyageur inconnu prit un cor de chasse, et s'élançant sur le cheval le plus vif, frappa l'air d'une fanfare retentissante. Son souffle habile, exercé, faisait rendre au cuivre recourbé les sons les plus harmonieux. C'était mieux qu'une fanfare, c'était un concerto.

On partit, on s'élança, on franchit la grille, on galopa, on arriva au chêne des druides; là se trouvaient le maire, le juge de paix, le brigadier de la gendarmerie, le percepteur, un notaire, des employés de l'enregistrement, des droits réunis, toute l'aristocratie du canton, tous les grands vassaux de l'époque; on se salua, on se complimenta, puis on se mit en marche.

Voilà qu'on touchait aux abris : les tireurs descendirent de cheval, et les chevaux, conduits par des palefreniers, furent renvoyés à une place éloignée et hors de la direction des coups de fusil. Quand tout le monde fut à son poste, il se fit un profond silence; on était dans l'attente : soudain le signal fut donné. il fut transmis avec une rapidité télégraphique sur toute la ligne où les batteurs étaient échelonnés à l'avance; des hourras retentirent; mille cris, mille clameurs s'élèvent, sillonnent et déchirent l'air, elles grossissaient de moment en moment. Il était facile de distinguer que l'enceinte circulaire formée par les rabatteurs se rétrécissait, et que ces bruits et ces voix, éparpillés d'abord sur une vaste corde, convergeaient maintenant vers un centre.

C'est que les batteurs approchaient : mais souvent le sanglier, à qui un instinct révélateur faisait pressentir le péril qui l'attendait au bout de cette voie où aucun obstacle ne se présentait d'abord à lui, s'arrêtait tout à coup, s'agitait, s'inquiétait, tournait sur lui-même, puis se déterminait à chercher son salut dans une autre direction en forçant la ligne qui l'enserrait aux trois-quarts.

Alors malheur aux rabatteurs qui se trouvaient sur son chemin ! Mais ce furent là des incidents qui n'arrêtèrent pas la battue; elle continua plus vive, les rangs se serrèrent, de nouveaux cris se firent entendre, le tumulte était général, les hommes qui étaient occupés à charger et à recharger les armes, ceux qui les portaient se cachaient dans les abris, ainsi que les chasseurs.

Ils approchaient, car les sangliers réglaient leur fuite sur l'ardeur de ceux qui les poursuivaient.

Encore vingt pas, et ils allaient toucher aux affûts.

Une détonation se fit entendre; le voyageur avait fait feu.

Alors mille coups éclatèrent; ils se répétaient, ils se succédaient, c'était un ricochet, une fugue; ils partaient à droite, à gauche, devant, derrière, partout. Les sangliers débordaient dans l'arène, où les attendaient les chasseurs embusqués. Étourdis, effrayés par le bruit, le sifflement et l'odeur de la poudre, ils veulent redoubler de vitesse pour échapper, et quittant la direction où la balle vient d'effleurer leur rude soie, ils en prirent une autre, se jetant dans une voie nouvelle; mais le plomb qui se croisait dans l'air ou ras de terre, les cherchait, les poursuivait et les retrouvait de tous côtés.

Le voyageur, emporté par son intrépidité, avait quitté son abri et s'avançait vers une gigantesque bête à son quart d'an; il la mit en joue, le coup partit.

L'œil en feu de l'animal se dirigea sur le chasseur, son poil s'était hérissé: dénuant ses défenses aiguës, il provoqua son agresseur; comme il allait se précipiter, il vint s'abattre aux pieds du voyageur, frappé à mort d'un dernier coup de fusil. Le cri du triomphe s'éleva, on salua le vainqueur, on l'entoura; mais tout n'était pas fini : les chiens qui avaient figuré dans la lutte réclamaient leur part du butin; en avant donc les couteaux affilés!

Les chiens, rangés en cercle, assistaient avec l'impatience de la gloutonnerie au dépècement et à l'ablation des entrailles qu'on allait leur livrer; c'était l'heure de la curée.

Allons, à l'œuvre, les bons chiens, faites ripaille!

Le vin, avec ses flots de pourpre et d'or, le vin fut le lot des chasseurs, rangés maintenant autour d'une vaste table qui pliait sous le poids des mets dans la salle basse du château. D'autres cris retentirent, bruyants et joyeux : À boire! à boire! Rien ne pouvait étancher la soif et apaiser la faim dévorante; les verres ne se vidaient que pour se remplir de nouveau en l'honneur du héros de la chasse. Son ami, entraîné par l'allégresse commune, se mit à raconter de folles histoires : il savait à quelles bonnes gens il avait affaire.

Il disait connaître un capitaine de vaisseau qui avait amené des îles Carolines un chien de chasse dont les aboiements plaisaient tant aux lièvres et aux lapins, qu'ils accouraient de tous côtés dès qu'ils l'entendaient dans les bois ou dans la plaine, pour venir à lui et le caresser. Fascinés par cet attrait magnétique, ils se laissaient prendre avec les mains par douzaines.

Il racontait encore que dans les Ardennes, chassant tout seul, il vit un sanglier furieux qui avait trois hures; il le tua. Pour faire hommage de cette chasse monstrueuse aux autorités du département, le préfet, le maire et le général, il leur envoya en présent chacune des trois hures, qu'il avait adroitement coupées et séparées; mais ce fut une maladresse, car on ne voulut plus croire à la merveille d'un monstre à plusieurs têtes; on l'accusa tout simplement d'avoir tué trois sangliers au lieu d'un.

Les rires duraient encore, que déjà dans la cour les deux voyageurs étaient prêts à monter sur les chevaux, les meilleurs de l'écurie de leur hôte, qui allaient les emporter.

Estrégnat aurait bien voulu retenir encore au moins un jour de plus de tels visiteurs; ses instances, ses prières n'avaient rien obtenu.

— Il faut que je sois à Vannes, dit le voyageur aux blonds cheveux, lorsque l'empereur et l'impératrice Marie-Louise y arriveront; mon devoir l'exige, je dois paraître aux fêtes brillantes que l'on prépare.

Il acheva à peine ces mots, et, s'élançant avec légèreté sur son cheval, il était prêt à lui lâcher le frein pour se livrer à toute son impétuosité.

Estrégnat s'était approché de l'ami du voyageur, et, le prenant à part, il lui dit :

— Votre souvenir vivra toujours dans mon cœur, que vous avez pénétré de joie, et dans mon château, que vous avez embelli, mais ne vous éloignez pas sans m'apprendre le nom de votre ami. Ma discrétion a été grande, ou plutôt j'attendais toujours qu'il se fit connaitre. Puisqu'il a gardé le silence à cet égard, de grâce, trahissez-le en soulevant son incognito.

— Quoi ! il vous est inconnu ?

— Absolument.

— Il vient pourtant de faire assez de bruit dans toute la Bretagne; les populations accouraient de bien loin pour le voir.

— Vous redoublez ma curiosité. Je ne sais rien au fond de mon château.

— Vous n'êtes donc jamais allé à Paris ?

— Il y a plus de vingt ans que je n'y ai paru.

— Eh bien ! c'est...

— C'est.

— C'est *Il Biondo Kani*.

Ce mot magique ne manqua pas, sur Estrégnat, l'effet qu'il avait coutume de produire.

Les deux amis galopaient sur la route de Muzillac, que le pauvre Estrégnat était encore stupéfait à la même place.

— Curé, dit-il enfin, nous étions loin de compte en prenant ces charmants inconnus pour des voleurs. Le plus gracieux, le plus noble, est un prince; il se nomme *Il Biondo Kani*; l'autre est un personnage de sa suite. Mais de quel pays est-il, ce prince? C'est un prince russe, n'est-ce pas?

— Son nom ne semble guère l'annoncer. La terminaison des noms russes est en *of* ou *ov*; à moins cependant qu'il ne soit originaire de la Russie asiatique.

Un mois après, à moitié chemin entre le château et le presbytère, Estrégnat et le curé se rencontrèrent.

— J'allais chez vous, dit l'un.

— Et moi chez vous, dit l'autre.

— Je vous apporte une nouvelle bien inattendue.

— J'en ai une à vous donner bien imprévue.

— Je suis nommé chevalier de la Légion d'honneur.

— On m'appelle à la cure de Fontainebleau; com-

ment cette faveur est-elle venue me découvrir dans
ma solitude et mon obscurité.

— Vous ne devinez pas ? Je suis plus fin que vous.
C'est un souvenir du prince russe. Il a voulu reconnaître d'une manière magnifique l'accueil qu'il a
reçu de nous.

— Mais il me faut-[il] vous quitter, mon bon et mon
excellent ami. C'est là ma peine la plus vive, j'ai
ordre de me rendre auprès de l'évêque de mon nouveau diocèse.

— Et je vous accompagne, j'irais à Paris remer-
cier le ministre et tâcher de retrouver mon prince
russe. Il me présentera à la cour de l'empereur.

Tout arriva à peu près comme cela se disait :
presque en même temps le curé recevait la bénédiction aux pieds de son évêque, Estéognat, empressé de voir Paris dans tout son éclat, était assis
au premier rang d'une loge de face à Feydeau.

La foule remplissait la salle de ses flots élégants
et parés. On jouait le *Calife de Bagdad*, production
qu'un acteur adoré rendait plus délicieuse encore.

Le rideau venait de se lever depuis un moment,
lorsque parut sur la scène *Isaaulie*, déguisée, par le
jeune *Kesie* prend pour un voleur, mais qui, malgré
ce déguisement, ne laisse pas moins ressortir dans

toute sa personne la majesté des califes de l'Orient. C'était Elleviou !

Tandis que les bravos et les applaudissements retentissent avec frénésie, une voix les domine, et de manière à faire tourner tous les yeux vers la loge d'où elle partait, Estrégnat, debout, les bras en l'air, étourdi de surprise, s'était écrié de toutes ses forces :

— C'est mon prince russe!... *Il Biondo Kani*.

UNE CHASSE AUX SINGES

A GIBRALTAR

CHASSE AUX SINGES

La zône torride est le paradis des singes, et ces quadrumanes, tout en ayant pu pénétrer dans les régions tempérées, n'ont jamais eu le désir de quitter leurs pays, magnifique territoire de quarante-sept degrés de latitude, où ils trouvent tout ce qu'il leur faut pour la satisfaction de leur faim, pour leurs aises et leurs plaisirs.

Un soleil resplendissant illumine les tropiques; la

mesure du jour varie peu ; et telle est la chaleur du climat qu'on n'y a jamais ressenti l'impression du froid, que lorsque la fièvre et ses frissons torturent le voyageur malade.

Dans cet Eden des frileux, où se fut si bien trouvé notre regrettable poëte Méry, si Paris ou Bade se fussent trouvés là, dans ce paradis couvert de forêts immenses et sans fin, toujours fleuries et toujours verdoyantes, les plus beaux rêves de la plus ardente imagination sont réalisés.

Tout chevalier errant des aventures de chasse et des phénomènes de la nature, y est frappé d'étonnement à la vue de la profusion des fleurs, de fruits verts et mûrs qui couvrent les arbres.

Dès que ces noix gigantesques et ces siliques oblongues auront servi à la nourriture des singes, ou seront tombées à terre, de nouveaux fruits renouvelleront la provision épuisée, du 1er janvier au 31 décembre suivant. Les productions de la zône torride peuvent bien passer pour éternelles et indestructibles. L'automne n'arrête point la force végétative des plantes ; l'hiver respecte leur beauté, un printemps et un été sans fin entretiennent sans cesse chez elles la vigueur nécessaire pour remplir les fonctions que la nature attribue à chacune.

Waterton, le célèbre voyageur, raconte que, se trouvant sur les rives du petit Camouni, fleuve tributaire de la Démerara, il remarqua un arbre chargé de figues mûres. Jamais, dit-il, il n'avait vu tant d'oiseaux et tant de singes. Ces derniers, en l'apercevant, prirent la fuite : mais tous les oiseaux, à l'exception du Toucan, achevèrent, sans sourciller, leur repas. S'il avait tiré un coup de feu au milieu de cet arbre, il serait tombé plus d'une douzaine de volatiles.

Les singes sont les animaux les plus habiles à grimper de tous ceux que l'on connaît et ils s'en donnent à cœur joie au milieu de ces impénétrables solitudes.

Tout cela est très-bien au milieu des forêts du Nouveau-Monde, au centre de ces halliers où la lumière se tamise à peine, mais en pleine Europe, sur notre vieux continent, où les bois sont rares et les ombrages très-disposés à s'ébaubir au soleil, qui croirait que l'on trouve des singes, à moins que ce ne soit dans les ménageries ou les jardins zoologiques?

Le fait existe cependant et je vais en donner la preuve.

Mais avant de procéder, laissez-moi vous raconter un fait de chasse qui m'est arrivé à moi-même.

J'avais été invité, il y a trois ans, dans le château de Plevein, département des Côtes-du-Nord, chez M. le marquis de L..., à une chasse d'ouverture. Un de nos camarades, M. V... longeait les bordures de la forêt, lorsque tout à coup les chiens d'arrêt, se précipitant dans le fourré, entamèrent une lutte très-vive avec des animaux qu'à son grand étonnement il ne tarda pas à reconnaître pour des singes d'une grande espèce. Il fut assez heureux pour en atteindre un qui expira, après une lutte énergique avec les chiens.

Cet individu était un mâle et mesurait quatre-vingt-dix-sept centimètres de la nuque à l'extrémité de la queue.

Nous étions tous accourus à l'appel de M. V..., et dès qu'il nous eut assuré que son gibier n'était pas seul, nous avions fait nos efforts pour retrouver les autres quadrumanes. L'un de nous prétendit en avoir aperçu un; mais quelle que fut notre recherche nous ne vîmes plus rien.

On se demandait le soir, à la veillée, quel est donc ce mystère? style d'opéra comique, lorsque le régisseur du marquis de L... se présenta devant son maître et lui apprit que le directeur d'une ménagerie ambulante se présentait au manoir et réclamait une somme fantastique pour la mort de l'un de ses singes qui s'était échappé sur la route de Guingamp à Saint-Brieuc, où il allait exhiber ses bêtes.

M. le marquis de L... ne se laissa point intimider par les procédés anti-parlementaires du Barnum nomade; seulement, comme il comprenait la perte réelle subie par cet homme, il lui offrit cinq louis et le cadavre de l'animal par dessus le marché, que ce drôle se hâta d'accepter, mais qu'on ne lui délivra que sur un reçu en forme.

C'est la seule et unique fois, je l'avoue, que j'aie assisté à une véritable chasse aux singes.

Un des invités de M. le marquis de L..., plein de verve, d'humeur et d'entrain, nous proposa alors de nous raconter l'histoire d'un de ses compatriotes, né aux allées de Tournus, à Bordeaux, lequel, un beau matin, était parti de sa ville natale pour faire le tour du monde, afin de trouver, chemin faisant, quelque aventure nouvelle en chassant et en pêchant.

Bernardin, — tel était le nom de mon Bordelais, — nous dit notre narrateur, m'a souvent raconté son histoire, je puis donc vous la répéter à mon tour, sans craindre de faire perdre la moindre valeur à ce récit fantastique.

La traversée de Bordeaux à Lisbonne fut assez rapide. Bernardin qui n'avait jamais vu la mer autre part qu'à Royan, se laissa bercer par les flots et jouissait doublement de cette nouvelle existence. Grâce à Dieu, il n'éprouvait aucun symptôme du mal de mer, buvait bien, mangeait mieux encore et fumait comme une cheminée de steamer.

Le capitaine de la *Belle-Louise,* en destination pour le cap de Bonne-Espérance, fut pris par un coup de vent, en sortant du Tage, où il avait déposé une portion de son fret. Deux jours employés à réparer quelques avaries, et les courants aidant, il se trouva au lever du soleil de la troisième matinée, en face du cap Saint-Vincent, où la tempête le prit encore et le poussa, en vingt-quatre heures, jusque sur les côtes du Maroc.

Attérir dans un pays aussi peu hospitalier paraissait dangereux au capitaine de la *Belle-Louise,* aussi crut-il prudent de s'en aller cahin-caha! jusqu'au port de Gibraltar. Cette pensée lui souriait d'autant plus qu'il devait rencontrer dans cette ville un sien parent établi là depuis nombre d'années, vieux garçon, riche, et dont la connaissance n'était pas à dédaigner.

Bernardin était le seul passager de la *Belle-Louise ;*

libre de son temps, n'étant nullement pressé, peu lui importait d'aller en Espagne ou au cap de Bonne-Espérance. L'essentiel pour lui était de s'amuser.

Or, le capitaine de la *Belle-Louise,* qui connaissait les goûts du Bordelais et savait les flatter au besoin, promit à notre Nemrod de lui faire faire à Gibraltar une chasse exceptionnelle. Cette simple parole, donnée... un peu au hasard, — suffit à calmer les impatiences de Bernardin.

Je n'apprendrai rien à mes auditeurs, ajouta M. le marquis de L..., en leur disant qu'en face d'Algésiras, et séparé de lui par une si courte distance, que de l'Afrique on aperçoit l'Europe, se dresse le rocher de Gibraltar, cette guérite de l'Angleterre, posée on ne sait pourquoi sur le vieux sol de l'Espagne. Gibraltar remplace aujourd'hui une des colonnes d'Hercule, et de là ces rois des mers surveillent l'important détroit au milieu duquel s'aventurent tous les navires qui passent de l'Océan dans la Méditerranée, et de la Méditerranée dans l'Océan.

Gibraltar, dont le nom est connu dans le monde entier, est un rocher qui surgit abruptement de la mer. Les anciens, qui parlaient souvent par images, et dont le coup d'œil rapide saisissait toujours, avec la plus grande justesse, le côté plastique des choses, appelaient Gibraltar une colonne. C'est de cette colonne d'Hercule que les Anglais ont fait une forteresse.

On a souvent comparé le rocher de Gibraltar à un sphinx énorme, tournant sa tête tronquée et allongeant ses grandes pattes vers l'Afrique, tandis que sa croupe, ses épaules et ses reins, ondulent vers l'Europe. Quelque grandiose qu'elle soit, cette comparaison ne manque point de justesse.

La ville, bâtie sur une étroite langue de terre qui s'étend entre la mer et le rocher, n'a qu'une rue, et c'est une rue plus anglaise qu'espagnole. On n'y trouve plus de balcons aux fenêtres des maisons aux formes capricieuses, plus de toits servant de terrasse; toute cette architecture est froide, alignée, correcte, monotone comme la civilisation britannique.

Vu de près, le rocher de Gibraltar est un calcaire compacte, d'un blanc jaunâtre, dont le grain, fin et serré, offre au travail une assez grande résistance, mais qui, — une fois cette première difficulté vaincue, — conserve une solidité à toute épreuve. Rien n'est plus curieux que de visiter — lorqu'on en obtient la permission, complaisance rare — ces galeries fortifiées, superposées les unes sur les autres et disposées de telle façon, que les ouvertures, pratiquées dans la montagne, servent d'embrasure à des batteries de canons, dont les gueules sortent de chaque ouverture de la roche. On fait ainsi trois ou quatre kilomètres dans les flancs meurtriers de cette montagne qui peut lancer à la fois des volées de trois ou quatre mille boulets.

On fait à Gibraltar un cours complet d'artillerie, et l'on dirait que l'Angleterre a voulu essayer là tous les systèmes de destruction. Pour celui qui n'est pas né guerrier, tous ces engins donnent la chair de poule et le désir de s'en aller au plus tôt.

Promontoire extrème de notre continent, Gibraltar est exposé à la plus intense chaleur. Il y a là des journées torréfiantes pendant lesquelles on respire la brûlante atmosphère de l'Afrique.

Si ce pays n'est pas le seul endroit de l'Europe où l'on trouve des Anglais, c'est du moins le seul où l'on rencontre des singes.

Or, c'était là cette chasse exceptionnelle que le capitaine de la *Belle-Louise* avait promise à Bernardin.

L'animal quadrumane qui « fleurit » à Gibraltar est de l'espèce connue sous le nom de *magot*. D'une taille d'environ cinquante centimètres, d'une robe au pelage gris jaunàtre sur le dos et blanc par devant. Quant à la queue, elle est absente. Ce sont les singes d'Alcibiade.

Le magot de Gibraltar vit en bonne intelligence avec les maitres du rocher fortifié, qui l'honorent de leur protection, sans se douter cependant que ces animaux ont d'eux une peur terrible, toutes les fois que ceux-ci font l'exercice à feu. Tout aussitôt les troupeaux de singes fuient, à pattes que veux-tu, de l'autre côté de la montagne. Il en est de même à chaque variation de la température, à ce point que les habitants de la « rue » de Gibraltar regardent les singes du rocher comme autant de baromètres, et comme nous les grenouilles vertes, avec cette seule différence qu'on ne met point le singe dans un bocal.

Bernardin, à qui le capitaine de la *Belle-Louise* n'avait point dit que les singes étaient protégés par messieurs les Anglais, comme les chiens le sont à Constantinople, — sans que ce soit cependant pour les mèmes causes, — se proposa, comme bien on peut le penser, de se donner le plaisir d'un sport nouveau pour lui.

Tandis que, dans un des bassins de la ville, la *Belle-Louise* réparait ses avaries et radoubait une voie d'eau qui s'était déclarée dans la cale à tribord, le

Bordelais, armé d'un excellent fusil à deux coups, muni de poudre, de chevrotines et de plomb, disparaissait derrière un rocher et s'élançait au milieu des maquis qui couvrent la partie nord du rocher de Gibraltar.

Rien n'entravait la marche de notre chasseur qui, l'œil aux aguets, le doigt sur la détente de son fusil, regardait de tous les côtés, à chaque branche d'arbre, dans toutes les anfractuosités des rochers, cherchant un magot, pour l'occire et en rapporter la dépouille à bord de la *Belle-Louise*.

De pas en pas, de kilomètre en kilomètre, Bernardin avançait toujours. Il avait laissé s'envoler sans les tirer, deux compagnies de magnifiques perdrix rouges, sauter hors de leur gite quatre lièvres et une dizaine de lapins; tout cela sans sourciller, sans lâcher le moindre juron, comprimant même une de ces exclamations si naturelles aux chasseurs.

Ce qu'il lui fallait, c'était un singe. Le gibier qu'il convoitait, c'était un animal inconnu dans les landes et les pépinières des bords de la Gironde.

Tout d'un coup, au milieu d'un buisson de palmiers, Bernardin aperçoit un quadrumane se balançant à l'aide du bras droit, à une tige de l'un des arbres, et mordillant dans sa patte gauche un fruit ou une racine qu'il avait ramassé, selon toute probabilité, au pied de son support.

— Sandis! s'écria-t-il *in petto!* je te tiens! drôle, tu n'iras pas plus loin.

Au moment où le chasseur marmottait cette phrase entre ses dents, un, deux, trois, quatre, six, huit, quinze, vingt singes se montrèrent successivement à ses yeux, si bien que Bernardin ne savait quel parti prendre, ou plutôt auquel adresser ses chevrotines. Tantôt son fusil s'abaissait sur celui-ci, tantôt il se dirigeait vers celui-là, si bien qu'à force de choisir, toute la troupe s'éparpilla dans les maquis et disparut.

— Mordious! quel sot j'ai été de ne pas abattre le premier, s'écria Bernardin; j'aurais même pu faire coup double. Allons! c'est à recommencer. En route! mon bon! tricotons des jambes.

Et le Nemrod de Bordeaux doubla le pas.

Sautant de rocher en rocher, il s'aventura au milieu des méandres, des ronces et des chènes verts qui croissaient entre les débris du géant de pierre, hérissé de canons et... d'Anglais aux habits rouges.

En courant de la sorte, Bernardin arriva à vingt pas d'une redoute devant laquelle se promenait gravement une sentinelle anglaise.

— *Go away !* cria l'insulaire dont la consigne était de ne laisser approcher personne du bastion.

— Comprends pas! répliqua Bernardin.

— *Go away !* répéta le soldat, qui coucha son semblable en joue.

— Cadédis! il est temps de tourner bride, se dit le chasseur, qui saisit le sens de cette pantomine anglaise. Il a donc bien peur que je ne lui vole un de ses canons !

Sans s'arrêter davantage à cette pensée, notre Bordelais pirouetta sur lui-même et reprit sa marche.

Cette obéissance passive fut récompensée après un quart d'heure de marche, car Bernardin, à l'angle d'un sentier qui circulait autour de la montagne. aperçut deux singes gravement occupés à se trier l'un l'autre les insectes qui les harcelaient et leur procuraient des démangeaisons fàcheuses.

Déjà le fusil était levé au niveau de l'œil droit; l'index allait atteindre la détente de l'arme, quand une main se posa sur l'épaule du chasseur et une voix issue de la bouche d'un habit rouge, sorti on ne sait d'où, dit à ce dernier :

— *Don't shot at the monkeys ; T'is not allored here !*

— Allez-vous en à toùs les diables, damnée écrevisse d'enfer! et mêlez-vous de vos affaires! vociféra Bernardin.

— *Beware not to insult me!* ajouta avec un sang-froid imperturbable le soldat de la reine Victoria, en continuant sa route.

Bernardin l'accompagna aussi loin que son regard put le suivre, en vomissant contre lui un torrent d'injures que celui-ci ne comprenait pas, heureusement. Quand l'habit rouge eut disparu de la vue du château, notre chasseur reprit sa marche, en explorant du regard tous les buissons, tous les arbres, tous les rochers.

Cela dura encore une demi-heure.

Pendant ce temps-là, l'enragé Bordelais soufflait et suait sang et eau; la chaleur intense de ce coin de l'Espagne était bien faite pour exciter à la transpiration. Il eut donné... une portion de sa vie future en paradis, pour trouver un verre d'eau sous la main, car sans songer à la soif probable, le malheureux était parti le sac vide, n'emportant que des munitions de guerre et aucune provision de bouche.

Onze heures sonnaient... à l'horloge lointaine de l'église de Gibraltar, lorsqu'un *couïc* frénétique retentit aux oreilles de Bernardin.

Se retourner, apercevoir un singe, le mettre en

joue, lâcher la détente et abattre la pauvre bête, tout cela fut l'affaire d'un instant.

Bernardin se précipita sur sa victime qui se débattait dans les convulsions de l'agonie; il l'examina d'abord à distance, puis il se rapprocha à mesure que la vie semblait s'éteindre chez le quadrumane, si bien qu'à un certain moment il se pencha sur le cadavre et le prit par son bout de queue.

Le singe avait encore un reste d'existence et, comme tout singe bien appris, il ne crut pas devoir manquer l'occasion qui lui était offerte de se venger en mourant.

Par un mouvement convulsif il chercha à pincer entre sa mâchoire aux dents acérées, les doigts de son meurtrier; mais celui-ci retira sa main à mesure que les babines du singe s'en rapprochaient.

Qu'advint-il de cette stratégie? C'est que les dents du moribond rencontrèrent la culotte un peu mûre de Bernardin, laquelle, dûment accrochée, se déchira par devant, de telle façon que notre Bordelais se trouva tout d'un coup transformé en highlander, moins le... jupon.

Le singe était mort, en se vengeant, et bon singe doit le faire.

Le chasseur offrait à la vue un spectacle peu rassurant pour les yeux d'une anglaise. Par bonheur, aucune fille d'Albion ne se promenait d'ordinaire du côté où se trouvait Bernardin.

— N'importe ! se dit celui-ci, j'ai mon singe ! Quant à mon « haut de chausses » je m'arrangerai de façon à ne pas être vu, lorsque je reviendrai à bord de la *Belle-Louise*. Le tout est de trouver quelques lianes, à l'aide desquelles je pourrai maintenir les épaves du drap déchiré par cette maudite bête.

Tout en parlant de la sorte, Bernardin avait ramassé son singe, et le fusil sur l'épaule, la gibecière garnie de l'*inexpressible* qu'il avait quitté en entier, pour plus de sécurité, il marchait, la chemise au vent, les jambes nues, à peine défendues par des bas bleus, attachés au-dessous du genou par un ruban de fil.

Bernardin s'orientait de son mieux, de façon à regagner le quai de Gibraltar, lorsqu'au coin d'une roche élevée, il rencontra deux soldats anglais.

— Aoh ! fit l'un.

— Aoh ! s'écria l'autre.

— *Shocking !* ajouta le premier.

— *Most positively shocking !* hurla le second.

Sans comprendre la langue de Shakespeare et de Milton, Bernardin devina ce que parler voulait dire.

Par un sentiment de pudeur très-compréhensible, il ramena son havre-sac sur son ventre, et tendit de la main droite, le pan postérieur de sa chemise, aussi bas que possible. De sa main gauche il soutenait son singe, bien mort cette fois.

— *Damn' it! he has killed a monkey!* fit le premier soldat.

— *The devil! he has!...* ajouta l'autre.

Et les deux habits rouges montrèrent le poing à Bernardin, tandis qu'à la fois ils lui reprochaient en bel et bon anglais — un anglais de corps de garde, sans doute — d'avoir occis un singe, malgré la défense formelle qui était faite à cet égard à tout chasseur du pays, au mépris de la protection particulière affectée à ces animaux.

Le premier soldat intima au chasseur d'avoir à le suivre auprès du gouverneur, pour répondre devant lui de la double offense dont il s'était rendu coupable.

Tout cela avait été dit, ou plutôt expliqué par une pantomime parlée ; car Bernardin ne sachant pas un mot d'anglais devinait, sans les comprendre, les paroles que les deux habits rouges lui débitaient avec une volubilité toute britannique.

Il se résigna donc, — puisqu'il ne pouvait pas

faire autrement, — à suivre les deux alguasils anglais.

Tout alla bien, pendant une demi-heure, tant qu'on marcha à travers les sentiers battus de la montagne ; mais, lorsqu'on parvint au commencement des fortifications, les soldats firent halte, et l'un d'eux tirant un foulard d'une propreté douteuse de sa poche, dit à Bernardin d'un ton rogue et souriant :

— *I must blind you.*

Le Bordelais, qui avait suivi le sens de la phrase, recula d'un pas, en faisant un geste de refus et de protestation.

— *We must blind you,* répéta le second soldat.

Contre la force il n'y avait aucune résistance possible. Le chasseur se résigna. On lui banda les yeux.

Dès que cela fut fait, les deux habits rouges s'emparèrent chacun d'une de ses épaules, le poussèrent devant eux en s'écriant de temps à autre :

— *Right ! Left !* Mots qu'ils appuyaient d'un mouvement de la main, si bien que Bernardin finit par comprendre ce que signifiaient ces deux mots.

Parfois, eu égard à sa cécité forcée, le malheureux bronchait, mais il ne tombait pas, grâce à la

« poigne » des highlanders qui prévenaient sa chute
et le guidaient sur les endroits les plus lisses du
sentier.

De temps à autre on entendait une sentinelle s'é-
crier :

— *Who's there ?*

Un des deux soldats s'approchait, murmurait un
mot à l'oreille du fusilier en faction, et revenant
à l'épaule de Bernardin, appuyait de nouveau sa
main à la place voulue ; puis la marche recommen-
çait.

On parvint enfin au milieu de la montagne, devant une maison construite partie dans le roc, partie extérieurement. Devant cette construction hy-
bride, à l'une des fenêtres de laquelle flottait le
pavillon britannique, était dressée une tente sous
laquelle, couché dans un hamac, un général, revêtu
d'un uniforme de grande tenue, malgré la chaleur
accablante, lisait le dernier numéro arrivé du *Times*
et paraissait profondément enseveli dans un article
politique contenu en trois grandes colonnes de ce
journal.

— Général, fit l'un des highlanders, en portant la
main à son bonnet.

— *Well ! what is the matter ?*

Le soldat se hâta d'expliquer au goûverneur du fort de Gibraltar ce qui était arrivé, et celui-ci répliqua d'une voix colère :

— *What ! He has killad a monkey ! A spy perhaps !*

— *No !* fit le soldat, *I don't believe it, general.*

Et il ajouta que, d'après sa conviction, le Français s'était seulement rendu coupable d'un délit, celui de tuer un singe malgré la défense qui en était faite à tous les habitants du pays. De plus, continua le highlander, ce « drôle » ne connaît pas un mot d'anglais : *Shame !*

— *All right ! we whall see !*

En prononçant ces dernières paroles, le général se rengorgea, et sans quitter le *Times,* projeta un regard menaçant sur le pauvre Bernardin.

— You, goddam français, tuer des *monkeys,* à Gibraltar !

— Eh ! là bas ! goddam vous-même, riposta le chasseur. Je tue des singes, parce que cela me plaît. Sont-ils à vous, ces magots? tiens! j'y songe, ils sont peut-être de votre famille.

— Insolente! s'écria le gouverneur, qui devint pourpre de colère, si bien que son visage s'harmonisait avec son *red coat.* Vous, aller en prison*ne* !

— Allons donc! c'est pas vous qui m'y mettrez. Mon consul me réclamera, monsieur John Bull, et vous aurez un pied de nez.

— Vous, payer dix guinées de amende, pour avoir tué le *monkey*. Entendez-vous mo*d*?

— Mo*d*, payer rien du tout! et vous, laisser mo*d* retourner tranquillement à bord de la *Belle-Louise*, capitaine Trench.

— Captain Trench! Adam, Napoléon, Jacob Trench? Aoh! un ami à mo*d*! Vous, son ami, son passager! goddam! Mon bon*ne* mossieu! Je étais dans lé désolation*ne* pour le ennoui qué vous avez eu. *Let him go!* fit, en *a parte*, le gouverneur à ses soldats, qui lâchèrent prise et se retirèrent, sur un geste du général.

— Mossieu Français, vous déjeuner avec mo*d*, vous chassez singe, tant que vous vôdrez, vous, mon ami, puisque vous l'ami de Adam-Napoléon-Jacob Trench, captain de la *Belle-Louise*. Aoh! captain Trench, il avait sauvé *mon* vie en mer, un jour, dans le Pacifique. *Jé* allais périr; je étais sur *iune* radeau, mon navire il avait fait naufrage et la *Belle-Louise* passait par là; si bien que je fus pris*e* à son bord, bien confortablement soigné et nourri et... abreuvé. *Jé* avais juré sur *lé* tète de la Queen Victoria et sur le pavillon anglais, que tous les amis de mon ami Trench, ils seraient mes amis.

Tout en parlant ainsi, le gouverneur avait sifflé dans un sifflet d'argent suspendu à une des boutonnières de son uniforme; un domestique militaire s'était montré et sur ce simple mot : *breakfast,* avait apporté, en deux minutes — grâce à l'aide de trois autres « esclaves » — une table confortablement servie sur laquelle s'étalaient des toasts, des muffins, un jambon d'York, un roastbeef froid, du piccadillys et autres condiments propres à exciter l'appétit. Deux flacons de bordeaux, — lisez *claret* — allongeaient leur forme svelte sur des porte-bouteilles en argent.

— *Seat down! no!* asseyez *vô!* fit l'Anglais au Français, en lui montrant un des deux siéges que ses domestiques avançaient sur un de ses gestes.

Bernardin ne se fit pas prier davantage : on se souvient qu'il était à jeun et qu'il mourait de soif. Aussi la première chose qu'il fit, fut-elle de tendre son verre au domestique placé derrière sa chaise, lequel se hâta d'accéder à ses désirs.

Je passe sur les détails du déjeuner qui fut « homérique, gazgantuelesque » pour le Bordelais dont l'appétit, aiguisé par les condiments exotiques, était aussi féroce que prolongé. Quand la faim fut apaisée, on servit le café, les liqueurs, des cigares, et la conversation recommença.

Elle dura ainsi jusqu'au soir, où le général manifesta le désir de descendre à Gibraltar pour souhaiter la bienvenue à son noble ami le capitaine Adam-Napoléon-Jacob Trench de la *Belle-Louise*.

J'ai oublié de vous dire que le gouverneur du fort avait fait donner un pantalon à son hôte.

Sir William-Malcolm-Richard Worst, baronnet, gouverneur général du fort de Gibraltar et de la station anglaise, s'empara du bras de son nouvel ami et passant devant le poste de la forteresse, dont les soldats lui portèrent les armes, descendit gravement les escaliers et les sentiers qui sillonnent le rocher hérissé de canons, non sans trébucher quelquefois, grâce au claret et aux verres de brandy qu'il avait ingurgités. Il arriva cependant à destination sans avoir touché le sol, ni des genoux, ni du front.

Le chasseur bordelais n'avait point oublié son singe : d'une main il soutenait le général et de l'autre il portait sa victime. Tous les deux, — je parle de sir William-Malcolm-Richard Worst et de Bernardin, — arrivèrent enfin à l'un des *wharfs* de Gibraltar, au bord duquel était amarré la *Belle-Louise*.

— *Halloa ! any body on board ?* héla sir Worst.

— Eh! là bas, cria Bernardin à son tour. Vous êtes donc tous morts, dans le bateau?

— Hélas! il n'y en a qu'un de décédé, répondit un des matelots qui se montra à tribord.

— Qui est décédé? demandèrent à la fois le général et le chasseur.

— Notre capitaine.

— Mon honorable ami Adam - Napoléon - Jacob Trench?

— Lui-même, mon Anglais.

— Damnétion*ne*! stupéfaction*ne*! désolétion*ne*! vociféra le général.

— Et comment cela est-il arrivé ? continua Bernardin.

— De la façon la plus simple... Il s'est... grisé en compagnie de son vieux parent, à qui il avait donné à déjeuner sur le pont; le soleil lui a tapé sur la *coloquinte*, si bien qu'il a *cassé sa pipe* en deux heures, riposta le matelot.

— Goddam! jé voulais faire à mon honorable ami des funérailles que la postérité mentionnera dans les annales à elle! s'écria sir William-Malcolm-Richard

Worst. Quand mettait-on lé ami à moâ dans son petite cénotaphe ?

— Demain, à midi, gouverneur général.

— Aoh!... Demain à cette heure, ja faisai tirer toutes les canon*nes* dé la forteresse.

— Mordieu ! se dit à part lui Bernardin, quelle chasse aux singes je pourrai faire l'après-midi. Ces décharges d'artillerie feront fuir les quadrumanes dans les bois, derrière le rocher, et je ne rentrerai pas bredouille à bord de la *Belle-Louise*. A quelque chose malheur est bon !

Ce qui avait été dit fut fait.

Dès le lever du soleil, le jour suivant, les canons de Gibraltar, par ordre de sir William-Malcolm-Richard Worst tonnèrent à droite, à gauche, en bas, en haut du rocher, au grand ébahissement des habitants du pays et même des Marocains, chez lesquels le vent portait le bruit des détonations, de l'autre côté du détroit.

Quand on déposa le corps du malheureux capitaine Trench dans la fosse qu'on avait creusée pour lui dans le cimetière de Gibraltar, le gouverneur général Worst, qui tenait à sa main le drapeau britannique, leva cet étendard et l'agita d'une façon toute particulière.

A ce signal — et c'en était un — tous les canons du fort éclatèrent à la fois. On eut dit que l'Etna ou le Vésuve avaient changé de place et se livraient à des folies pyrotechniques.

La commotion fut telle que toutes les vitres des maisons de Gibraltar volèrent en éclat.

« Je laisse à penser la vie que firent les habitants. »

Ils envoyèrent au diable — *in petto* — sir William-Malcolm-Richard Worst et ses excentricités.

Mais le mal était fait : il était sans remède et le vitrier de Gibraltar fut le seul à se réjouir des funérailles du capitaine Trench.

Ah ! si parbleu, il y eut deux autres méchants cœurs qui, — sans rien avouer, sans rien laisser voir de leur contentement — se frottèrent les mains de ce décès imprévu.

Ce fut le second de la *Belle-Louise*, à qui était dévolue, de droit, la place de capitaine; puis maître Bernardin, à qui — grâce à la folle équipée du gouverneur général Worst, — il allait être permis de faire une belle chasse aux singes.

A peine la cérémonie des funérailles était-elle terminée qu'il s'était éloigné, armé de son fusil, chargé de provisions de bouches et de munitions dans la direction des maquis, sur le côté nord de Gibraltar. Il savait, par ouï-dire, qu'au moindre bruit du canon, les singes fuyaient comme s'ils avaient le feu aux... environs de la queue.

En effet, tous les magots de Gibraltar, qui onques de leur vie n'avaient assisté à pareille fête d'artillerie, — une débauche de poudre, — s'enfuirent ce jour là au plus profond des bois.

Bernardin les y retrouva : il assassina le premier qu'il aperçut, tua le second qu'il fut obligé d'achever à coup de talon de bottes, blessa le troisième qu'il poursuivit pendant un quart de lieue et abattit d'un quatrième coup de feu.

Bref, notre Bordelais ne s'arrêta qu'à six ; il s'était fixé à ce nombre et avait juré de ne pas aller au delà.

Je ne raconterai pas les difficultés qu'il lui fallût surmonter pour revenir à bord de la *Belle-Louise*. Il essaya d'abord d'emporter tous ses singes ; mais le gibier était trop lourd et s'il parvenait à le charger sur ses épaules, il lui était impossible d'avancer.

Que fit-il alors ? il héla un paysan et lui donna à comprendre, par une pantomime vive et animée, quel service il attendait de lui.

L'agriculteur espagnol qui craignait fort la colère des Anglais, protecteur des singes, refusa d'abord, puis enfin, soit qu'il eût deviné ce que lui disait le chasseur, soit que l'appât d'une « piastre à colonnes » eût produit l'effet désiré, il se chargea de quatre pièces, les plus lourdes, qu'il jeta sur son dos.

De retour à bord du navire, Bernardin se hâta de dépouiller les sept animaux. Il savait préparer pour l'empaillement : ce lui fut donc chose facile, et d'ailleurs il avait son idée et voulait la mettre à exécution.

Une idée qui n'était pas venue à la pensée de sir William-Malcolm-Richard Worst, c'était que l'Amirauté anglaise connaissant son équipée excentrique, lors de l'enterrement du capitaine Trench, lui laverait la tête et se fâcherait peut-être tout rouge.

C'est la coutume anglaise de devenir rouge aussi souvent que possible.

C'est en effet ce qui arriva.

Un beau matin, un ordre de destitution fut apporté à la forteresse. Le gouverneur général était remplacé par un héros de l'Inde et mis en disponibilité.

L'amirauté anglaise n'aime pas qu'on tire sa poudre pour rien et, à ses yeux, la mort d'un Français passe pour zéro, quoi qu'on en dise.

Tandis que la destitution de sir William-Malcolm-Richard Worst s'acheminait vers Gibraltar, Bernardin se rapatriait à Bordeaux.

Le capitaine Trench étant mort, il avait perdu le goût des voyages et consentait à se contenter de la chasse des environs de Bordeaux, de la Gironde et des Landes.

Seulement il avait son idée, et cette idée était de faire empailler ses sept singes, pour en orner son antichambre, le vestibule de sa maisonnette.

Un artiste émérite se chargea du travail et lui rapporta, un jour, les sept quadrumanes à chacun desquels il avait donné une position différente. Tous étaient montés sur des socles en bois peints en noir et, — d'après les indications du chasseur — chaque singe avait été baptisé.

L'un s'appelait « Lundi, » les autres « Mardi, Mercredi, Jeudi, Vendredi, Samedi, et le septième, Dimanche. »

Bernardin avait réalisé son rêve. Il avait sa « semaine de singes », et la salle dans laquelle ces pauvres bêtes se trouvaient placées sur des socles, se nommait *le Rocher de Gibraltar.*

Tout Bordeaux a passé par là.

UNE NUIT TERRIBLE

UNE NUIT TERRIBLE

Nous causions, un soir, cet hiver, un gentilhomme et moi, au bal de l'hôtel de ville, dans l'embrasure d'une fenêtre, de la douceur de la température du mois de février 1867 où nous étions.

— Vous avez eu l'année derrière à Paris un hiver
sibérien, fit mon interlocuteur, on a patiné au bois
de Boulogne, aux Tuileries, au Palais-Royal et ailleurs. Mais ne faites pas trop les fiers : si vous avez

les froids de la Russie, à quinze degrés près, vous n'avez pas ses loups, et vous ne sauriez imaginer les émotions inséparables de cette terrible chasse :

Voici comment elle se pratique, en hiver bien entendu, époque où le défaut de nourriture rend les loups féroces.

On se met trois ou quatre chasseurs avec chacun un fusil à deux coups, dans une *troïka* attelée de trois chevaux, voiture dont le nom lui vient de son attelage et non de sa forme.

De ces trois chevaux, celui du milieu ne doit jamais que trotter, ceux de droite et de gauche ne doivent jamais quitter le galop; celui du milieu trotte la tête basse et s'appelle « le mangeur de neige : » les deux autres, qui n'ont qu'une rène, sont retenus par le milieu du corps au brancard, mais comme ils galopent la tête écartée, l'un à droite, l'autre à gauche, on les appelle les « furieux... » L'attelage, ainsi emporté dans sa course, offre l'aspect d'un éventail.

Un cocher dont on est sûr conduit la troïka. A l'arrière de la voiture, avec une corde, ou une chaîne pour plus de sûreté, devant avoir l'une ou l'autre une dizaine de mètres, on attache un jeune cochon que l'on conduit douillettement dans la voiture jusqu'à l'entrée de la forêt où l'on doit commencer la chasse. Là, on descend l'animal, et le cocher lâche les chevaux, qui partent, celui du milieu, trottant, et ceux des ailes, galopant. Le jeune cochon, peu habitué à ces allures, pousse des plaintes qui dégénèrent bientôt en lamentations...

Un premier loup montre son nez et se met à la poursuite du cochon; puis deux loups, puis trois, dix, puis cinquante loups... Tout ce qu'il y a de loups à trois lieues à la ronde accourt, et la troïka se trouve poursuivie par un troupeau de loups semblable à une avalanche. C'est alors qu'il est urgent d'avoir un excellent et courageux cocher, car les chevaux qui ont pour les loups une horreur instinctive deviennent fous de terreur... Celui qui trotte voudraient galoper; ceux qui galopent voudraient prendre le mors aux dents.

Pendant tout ce temps les chasseurs tirent au hasard; il n'y a pas besoin de viser... Le cocher crie, les chevaux hénnissent, les loups hurlent, les fusils tonnent... Attelage, chasseurs, cochon, troupeau de loups, ne sont plus qu'un tourbillon emporté par le vent qui fait voler la neige autour de lui, et qui, pareil à une nuée d'orage, glisse dans l'air, lance des éclairs et la foudre.

Tant que le cocher est maître de ses chevaux, si emportés qu'ils soient, tout va bien; mais, s'il cesse de les dominer, si l'attelage accroche, si la troïka verse... tout est fini. Le lendemain, le surlendemain on retrouve les débris de la voiture, les fusils, les carcasses des chevaux et les gros os des chasseurs et du cocher.

L'hiver dernier, le prince Repnine a fait une chasse semblable, et peu s'en est fallu que ce ne fût la dernière à laquelle il assistât.

Il se trouvait avec deux de ses amis dans un de ses domaines qui confine à la steppe; on résolut de chasser le loup ou plutôt d'être chassé par les loups.

On prépara un large traîneau où trois personnes pouvaient se mouvoir à l'aise, on y attela trois vigoureux chevaux que l'on confia à un cocher né dans le pays et plein d'expérience.

Chaque chasseur avait une paire de fusils doubles et cent cinquante coups à tirer; les plans furent disposés ainsi : le prince Repnine faisait face à l'arrière, chacun de ses amis se tenait sur un des côtés.

On arriva dans la steppe, c'est-à-dire dans un désert immense couvert de neige; c'était une chasse de nuit; la lune dans son plein brillait du plus vif éclat de ses rayons réfractés par la neige et répandait une **clarté** qui pouvait rivaliser avec celle du jour...

Le cochon fut lancé, le traineau partit... le cochon cria; quelques loups parurent, mais d'abord peu nombreux, craintifs et se tenant à une grande distance... Peu à peu leur nombre augmentait; ils se rapprochaient des chasseurs, qui pour commencer n'imprimaient à leur troïka qu'un mouvement ordinaire, malgré l'impatience hâtive des chevaux.

Vingt loups à peu près se trouvèrent assez rapprochés pour que le massacre commençât... Un coup de fusil part, un loup tombe... Un grand trouble se manifesta dans la bande, et il sembla aux chasseurs qu'elle était diminuée de moitié.

En effet, contrairement au proverbe qui dit que les loups ne se mangent pas entre eux, sept ou huit affamés étaient restés en arrière pour dévorer le mort; mais bientôt les vides furent comblés : de tous côtés on entendait des hurlements répondant aux hurlements. De tous côtés, on voyait apparaître des nez pointus et étinceler des yeux pareils à des escarboucles.

Les loups étaient à portée, et les chasseurs faisaient un feu roulant, mais quoique tous les coups de fusils atteignissent leur but, au lieu de diminuer, la bande allait toujours en s'augmentant. Bientôt ce ne fut plus une bande, mais bien un immense troupeau dont les rangs pressés suivirent les chasseurs. Leur course était si rapide qu'ils semblaient voler sur la neige et si légère qu'elle ne soulevait pas le moindre bruit... Leur flot, pareil à une marée muette, se rapprochait sans cesse et ne reculait plus devant le feu des trois chasseurs, si bien nourri qu'il fut. Ils formaient à l'arrière de la troïka un immense croissant dont les deux cornes commençaient à dépasser la hauteur des chevaux : leur nombre s'augmentait avec une telle rapidité qu'on eût dit qu'ils sortaient de dessous terre.

On avait cessé de faire crier le cochon, car ses cris redoublaient leur audace; le feu ne cessait pas, mais on avait déjà usé la moitié des munitions. Il restait bien encore deux cents coups à tirer, mais l'on était entouré par plus de *mille loups*...

Les deux cornes du croissant avançaient de plus en plus et menaçaient de se fermer en faisant un cercle dont le traîneau, les chevaux et les chasseurs deviendraient le centre, et si l'un des coursiers venait à s'abattre, tout était fini! Les chevaux effarés soufflaient et bondissaient en écarts terribles...

— Que penses-tu de cela, Yvan? demanda le prince à son cocher.

— Je pense qu'il ne fait pas bon ici, mon prince.

— Crains-tu quelque chose ?

— Les enragés ont goûté du sang, et plus vous continuerez à tirer, plus leur nombre augmentera.

— Quel est ton avis ?

— Si vous le permettez, mon prince, je vais lâcher la bride à mes chevaux.

— Es-tu sûr d'eux ?

— J'en réponds.

— Et de nous, en réponds-tu ?

Le cocher ne répliqua pas, il était évident qu'il ne voulait pas s'engager. Il lâcha la bride à ses chevaux dans la direction du château. Ces nobles bêtes, aiguillonnées par la frayeur, redoublèrent de vitesse, l'espace était littéralement dévoré sous leurs élans désespérés, le cocher les excitait par un sifflement aigu en même temps qu'ils décrivaient une courbe qui devait couper un des coins de la corne ; les loups s'écartèrent pour laisser passer l'attelage, qui ne marchait plus, mais qui volait... A ce moment, les chasseurs allaient remettre en joue.

— Sur votre vie, leur cria le cocher, ne tirez plus !

On obéit à Yvan...

Les loups, atterrés de cette manœuvre inattendue,

demeurèrent un instant indécis... Pendant cet instant, la troïka fit une verste (un kilomètre et demi); quand les loups se remirent à sa poursuite... il était trop tard; — ils ne purent la rejoindre. — Un quart d'heure après, nos chasseurs rentraient dans la cour du château. Le prince estimait que pendant ce quart d'heure, les chevaux avaient fait plus de deux lieues.

Le lendemain, le prince visita à cheval le champ de bataille. — On retrouva les ossements de plus de deux cents loups.

— Vous êtes bien heureux, ajouta mon interlocuteur, — après une pause pendant laquelle je lui avais adressé différentes questions, — de jouir dans votre pays d'un aussi bel hiver. Il n'en est pas de même en Russie et les loups doivent s'en donner à cœur joie. Oh! les loups!

— Les loups! les loups! Je parie que ces terribles carnassiers vous ont joué quelque méchant tour, dis-je à mon interlocuteur.

— En effet, vous ne vous trompez point.

— Parbleu! racontez-nous cela.

— Volontiers, si cela peut vous intéresser.

Mon ami Arthur A... et Charles de P... se groupèrent sur une des causeuses dans un des salons assez éloigné de ceux où l'on dansait pour que les sons de l'orchestre ne nous arrivassent que comme un murmure lointain, et M. de Geroskoff commença en ces termes :

« C'était en Gallicie, aux environs de Lemberg où ma sœur Nadèje et moi nous étions en visite chez la comtesse Labanof... A peine avions-nous passé la moitié du temps que nos parents nous avaient fixé, que nous reçûmes la triste nouvelle que mon père était tombé subitement et dangereusement malade.

« Les regrets de notre aimable hôtesse qui se séparait avec chagrin de ma sœur Nadèje, qu'elle regardait déjà comme sa belle-fille, ne purent nous retenir. Nous nous décidâmes à partir sans délai, et à continuer même notre route de nuit; la neige avait cessé de tomber, il faisait clair de lune et notre conducteur, le vieux chasseur de mon père, était un homme d'une expérience consommée. Enveloppés de fourrures, munis de provisions, nous montâmes dans notre traîneau.

« Nous atteignîmes avant la nuit la grande forêt qui nous séparait de la maison paternelle, et qui s'étend à une grande distance dans la direction de la Lithuanie, pour se réunir aux immenses forêts de ce pays. La route que nous suivions était si large,

que l'ombre des arbres n'empêchait pas les rayons
de la pleine lune de nous éclairer; mais la quantité
de monticules de neige et de glace dont cette route
était hérissée la rendait trop mauvaise pour que
nous puissions aller aussi vite que nous l'eussions
voulu : nos chevaux fatiguaient excessivement. Chacun de nous gardait un silence qui n'était interrompu
que par le trot des chevaux et par le ronflement de
la femme de chambre profondément endormie. Ma
pensée était avec mon père malade; je ne me ca-
chais pas qu'à cause de son grand âge il pouvait y
avoir du danger; que ce danger devait même exis-
ter; sans cela il ne nous aurait pas appelé avant le
temps fixé. Nadèje, de son côté, ne se sentait pas
disposée à engager la conversation. Son âme était
partagée entre deux sentiments; nous approchions
de minute en minute de ce père vénéré sur l'état
duquel elle faisait des réflexions analogues aux
miennes, pendant que nous nous éloignions de plus
en plus de son fiancé.

« Il était déjà près de minuit, et aucun incident
extraordinaire n'avait encore interrompu notre
voyage, lorsque tout à coup nos chevaux montrèrent une inquiétude inaccoutumée.

« Le souffle devenait haletant, et ils commen-

çaient à courir beaucoup plus vite, sans être excités
à ce redoublement de vitesse, ni par la parole, ni par
le fouet. Nous avions ces animaux depuis plusieurs
années et ils ne pouvaient quitter leur allure habituelle que par quelque motif extraordinaire. Ils pa-
raissaient effrayés, retournaient souvent la tête et
semblaient être stimulés par une puissance inconnue.
Bientôt leurs soubresauts furent plus marqués, et
Kosko, notre conducteur, se vit forcé d'appliquer aux
pauvres bêtes quelques corrections, auxquelles elles
se soumirent, mais en manifestant une inconcevable
résistance.

« Nadèje était trop profondément préoccupée pour
donner la moindre attention aux chevaux ; mais
moi, qui connaissais leurs habitudes, je me sentis
singulièrement ému. Je commençai à prévoir quelque incident extraordinaire.

« Dans ce même moment, le vieux Kosko me
parut éprouver un sentiment pénible ; il regarda
plusieurs fois, coup sur coup, derrière lui, prêta
l'oreille avec une grande attention, puis il rendit tout à coup les rênes aux chevaux qui purent
suivre leur instinct et partirent aussitôt à fond de
train.

« J'étais assis sur le devant du traîneau, si près

de notre cocher que ma bouche était près de son oreille.

« —Qu'avez-vous, Kosko? lui dis-je assez bas pour que Nadèje ne pût m'entendre; vous paraissez effrayé, et il me semble que vous partagez l'inquiétude des chevaux.

« Le vieillard réfléchit un instant, puis il me répondit en remuant à peine les lèvres :

« — Je crains que les loups ne soient sur nos traces; le froid les a fait sortir des forêts; la faim nous les amène, et nous sommes perdus si la vitesse de nos chevaux ne nous sauve de leurs dents meurtrières.

« Moi qui vous parle, ajouta M. de Geroskoff en interrompant son récit, j'ai vu la mort sous de terribles formes; mais ni le bruit des charges de cavalerie, ni les batteries meurtrières ne m'ont jamais fait autant d'impression que ces paroles dites à l'heure de minuit, dans ces solitudes glacées, loin de tout secours humain. Ma première pensée fut pour Nadège. Je voyais déjà ses formes si belles et si délicates déchirées par ces monstres dévorants. On m'avait souvent parlé de la ténacité et de la vélocité avec laquelle les loups poursuivent leur proie; si nos chevaux ne tombaient pas, nous étions sauvés;

mais je me disais avec une sorte de certitude que leurs forces seraient épuisées par la persévérance des loups et que nous deviendrions les victimes de ces féroces animaux.

« J'avais un couteau de chasse, un fusil et deux pistolets; malheureusement ma provision de poudre et de plomb était si petite, qu'elle suffisait à peine pour abattre quelques-uns de nos ennemis.

« Le vieux Kosko pressait les chevaux sans relàche. Peine inutile ! Il n'avait pas besoin de les exciter : l'instinct naturel de ces pauvres animaux leurs faisait mieux connaitre le danger que nous ne le connaissions nous-mêmes.

« J'étais continuellement occupé à regarder au loin derrière nous et à écouter dans le silence de la nuit le moindre bruit qui devait me donner l'horrible certitude de notre sort.

« Kosko avait la vue et l'ouie plus fines que moi, aussi me dit-il :

« — Ils viennent !... ils viennent !... n'entendez-vous pas leurs cris et leur galop ?... Voyez ce point obscur qui se meut là-bas; ils sont plus de cent.

« Au même instant, je reconnus ce que la vue perçante de Kosko avait découvert avant la mienne.

« Une sombre masse se mouvait d'une manière

singulière, et approchait de plus en plus. Elle semblait voler au-dessus de la plaine couverte de neige ;
on ne pouvait pas se rendre compte de cette marche, et pourtant la troupe avançait tellement, qu'elle
menaçait d'atteindre et de dépasser bientôt nos chevaux, dont les forces commençaient à faiblir. Des
sons sauvages et terribles perçaient les ombres de la
nuit. Ils ressemblaient tantôt à un grognement, tantôt aux gémissements sourds et douloureux d'un
homme en danger, et dont on veut étouffer les plaintes par la violence.

« Nadèje ne se doutait encore de rien. Elle était
tout entière à ses inquiétudes et à ses rêves. Je ne
pouvais pourtant pas la laisser plus longtemps dans
l'ignorance du danger qui nous menaçait. Déjà je
distinguais les groupes séparés de ces monstres dévorants ; déjà plusieurs d'entre eux devançaient la
grande masse, et s'approchaient comme une formidable avant-garde, à la distance d'une portée de fusil de notre traîneau.

« J'épaulai mon arme et je visai le premier de ces
monstres.

« — Baisse la tête ! m'écriai-je en m'adressant à
Nadèje qui semblait se réveiller d'un profond sommeil.

« Elle me regardait comme pour me questionner, mais il lui fut facile de lire sur ma figure que ce n'était pas le moment des explications : aussi baissat-elle machinalement la tête.

« Le coup frappa le plus grand et le premier des loups qui se trouvait en tête des autres; il tomba.

« La détonation avait éveillé la femme de chambre qui jeta des cris perçants, persuadée que nous étions attaqués par des voleurs.

« — Ce ne sont que des loups, lui dit le vieux Kosko avec un horrible sang-froid; ils mangent celui qui vient de tomber. Nous voici débarrassé d'un ennemi; mais une centaine d'autres resteront nos compagnons de voyage jusqu'à ce que...

« Il ne continua pas, ne voulant pas révéler aux deux femmes toute l'horreur de notre situation.

« Les chevaux animés par le coup de feu s'élancèrent avec une ardeur nouvelle pendant que les loups s'arrêtèrent autour du cadavre.

« — Cela ne les retiendra pas longtemps, murmura Kosko; je les connais, ils seront bientôt de nouveau à nos trousses et nos chevaux deviendront leur proie.

« C'est en ce moment qu'il me fut donné d'admirer la force d'âme de Nadèje; elle s'occupa unique-

ment de la femme de chambre, la consola, l'engagea
à se résigner, et surtout à mettre sa confiance en
celui dont la volonté seule peut adoucir les bêtes féroces. Se jetant à genoux au fond du traîneau, elle
exhorta la femme de chambre qui ne pouvait pas
rassembler ses idées pour prier; cette infortunée re-
commençait sans cesse ses cris et ses lamentations,
en maudissant le malheureux voyage qu'elle avait
entrepris. La belle figure de Nadèje, tournée vers le
ciel, était éclairée par les rayons de la lune. On eût
dit une auréole; elle avait les mains jointes, et priait
à demi-voix avec une quiétude parfaite, sans que
son esprit parût aucunement troublé par un péril
imminent.

« Son exemple m'encouragea et me donna quelque
espérance.

« Je chargeai de nouveau mon fusil que je tins
prêt; les chevaux s'efforçaient d'échapper à leurs
cruels ennemis, mais au même instant nous entendîmes de nouveau le bruit de la troupe de loups, et
j'aperçus bientôt quelques-uns de ces monstres qui
devançaient les autres et qui tournaient de notre côté
leurs gueules altérées de sang.

« Un second coup de feu fit tomber le plus hardi;
je crus alors, j'espérai même que, favorisé par la

halte répétée de ces animaux féroces auprès des cadavres des leurs qu'ils dévoraient, nous pourrions atteindre les limites de la forêt ou quelque habitation.

« Hélas ! combien mes calculs étaient mal fondés ! Cette fois, quelques secondes suffirent aux loups pour dévorer leur camarade ; j'avais à peine en le temps de charger de nouveau qu'ils étaient déjà revenus derrière le traîneau.

« — Vos efforts sont inutiles, chuchota Kosko à mon oreille ; bientôt les chevaux s'abattront et alors nous serons perdus.

« En effet, on remarquait déjà un ralentissement dans les efforts de nos pauvres coursiers. Leur souffle devenait de plus en plus haletant ; leur course inégale ; ils faisaient tout ce qui était en leur pouvoir parce qu'ils savaient qu'il n'y avait que la plus grande hâte qui pût les sauver ; mais leurs forces s'épuisaient de plus en plus. Plusieurs fois déjà, l'un après l'autre, ils s'étaient abhattus, et alors, s'ils se relevaient, c'était par un effort désespéré.

« Nous nous trouvions dans une position horrible, et, si je tremblais, ce n'était pas pour ma vie, mais pour celle de Nadéjo.

« J'abattis encore quelques-uns de ces terribles

animaux, mais ces pertes ne les arrêtaient plus dans leur course; ils étaient maintenant tout à fait derrière nous; leur grognement devenait plus distinct. J'apercevais leurs gueules sanglantes, leurs dents terribles, leurs langues pendantes et altérées, et leurs yeux qui jetaient des flammes.

« Quelle horde hideuse! C'était à faire frémir. Je n'avais plus de poudre; je ne possédais plus d'autres armes pour me défendre contre ces loups furieux que mes deux pistolets qui n'étaient pas encore déchargés, mon couteau de chasse et la crosse de mon fusil.

« Kosko avait remarqué tout cela.

« — Il nous reste encore une espérance, dit-il; je me rappelle avoir vu, lorsque nous sommes passés par ici, une cabane de chasseur abandonnée, qui ne doit pas être bien éloignée d'ici; si nous pouvons parvenir à l'atteindre, nous sommes sauvés momentanément. Dans le cas contraire, les loups nous déchireront et assouviront leur faim dévorante avec nos cadavres. Maître, continua-t-il d'une voix tremblante, si ce malheur nous arrive, vous avez vos pistolets chargés. Oh! alors soyez charitable, et donnez à votre chère sœur une mort prompte pour qu'elle n'ait pas à souffrir une lente et cruelle agonie sous les dents maudites des loups.

« Je regardai avec stupeur ce vieux serviteur ; une larme roulait sur ses joues ridées ; il m'adressa encore un signe de tête, pour affirmer le sens terrible de ses paroles.

« Jamais je n'oublierai ce moment. Un froid glacial s'empara de moi. Je regardai la douce et charmante figure de ma sœur, et levant les yeux au ciel avec désespoir, il me semblait que le salut devait venir miraculeusement d'en haut sur cet être innocent et pieux qui, dans sa résignation à la volonté de Dieu, oubliait tous les dangers qui l'environnaient.

« Tout à coup nous vîmes paraître des deux côtés nos ennemis acharnés. Je remarquai qu'ils flairaient le contenu du traîneau et qu'ils semblaient chercher à le reconnaître avant de l'attaquer.

« Dans ce danger imminent, je sentais le désespoir m'étreindre le cœur. Ma main gauche saisit le pistolet, et, le regard incertain, je cherchai à la tête de ma sœur la place où la mort l'atteindrait le plus sûrement et le plus promptement, puis je me détournai avec une horreur inexprimable à la pensée de ce fratricide. Mes idées devenaient confuses, ma faible raison vacillait comme la flamme d'un flambeau exposé à un vent trop fort.

« Ma main droite avait machinalement tiré le couteau de chasse ; un voile de sang s'était répandu sur mes yeux, et à travers ce voile je voyais Nadèje qui priait, j'apercevais les loups affamés et les immenses plaines couvertes de neige.

« Ce fut alors qu'un des animaux carnassiers s'approcha du traîneau en faisant un bond terrible pour s'y introduire, mais mon couteau l'atteignit en pleine poitrine et il tomba en râlant de l'autre côté.

« Nadèje s'évanouit et tomba sur sa femme de chambre, qui depuis longtemps était sans connaissance.

« — Bien visé ! s'écria le vieux Kosko d'une voix ranimée ; épargnez votre poudre, servez-vous du couteau et de la crosse ! Je vois déjà la cabane ! Soutenez la lutte encore quelques instants, et nous sommes sauvés !...

« En ce moment le voile sanglant tomba de mes yeux, et je revins à la raison. Kosko fouetta sans miséricorde les chevaux ; les pauvres animaux firent encore un effort : ils semblaient prévoir que c'était le dernier service qu'ils rendaient à leurs maîtres, et ils voulaient y mettre aussi leurs dernières forces.

« J'avais replacé, en attendant, mon pistolet dans la poche de mon habit et je me tenais debout le couteau en main.

« Était-ce mon attitude menaçante qui produisit une impression inattendue sur nos féroces ennemis, ou était-ce la course rapide de nos chevaux? Le fait est qu'ils se retirèrent à une petite distance en arrière, de telle façon que nous gagnâmes une avance peu considérable, il est vrai, mais inappréciable dans notre position. Je regardai autour de moi et j'aperçus tout près de nous la cabane dont la porte était ouverte.

« Kosko jeta des cris de joie en arrêtant avec force les chevaux, et il sauta à bas de son siége.

« — Nous y sommes! nous y sommes! s'écriat-il; maintenant, vite! vite! ne perdons pas un instant.

« Déjà Nadèje avait quitté le traîneau avec une grande présence d'esprit, et s'était réfugiée dans la cabane. Kosko la suivait, portant dans ses bras la femme de chambre toujours évanouie; j'étais le dernier.

« En pénétrant sous cet abri, le vieux serviteur m'arracha avec une grande hâte le fusil des mains et sortit promptement de la cabane.

« Je restai tout ébahi, et, en le suivant des yeux, j'aperçus les loups qui reparaissaient nombreux et menaçants, et qui allaient dans un instant arriver près de nous.

« J'appelai Kosko et le conjurai de ne pas s'exposer, mais ce qu'il voulait faire était déjà fait.

« A l'aide de deux coups de fouet il avait fait repartir les chevaux au galop, et il revenait au moment même où deux des monstres altérés de sang s'élançaient vers la cabane. Il les tua tous les deux avec la crosse du fusil, entra bien vite et ferma sur nous avec des verroux la forte porte de chêne de cet abri.

« Il était temps !

« Je cherchais en vain à dépeindre les sentiments dont j'étais alors pénétré. Bien des années se sont écoulées depuis cette terrible aventure, un grand nombre d'événements sont survenus, dont mon cœur a gardé le souvenir, mais rien ne ressemble à ce que j'éprouvai en ce moment. La joie débordait de mon âme à la vue de ma sœur hors de danger ; je me regardais en même temps comme un affreux criminel, moi qui avais pu douter de la puissance et de la bonté de Dieu. Je n'osais pas parler à Nadèje. Sa confiance en Dieu n'avait pas failli, et elle lui adressait maintenant d'une voix ferme sa prière d'actions de grâces.

« Le bruit des loups attaquant la porte bien fermée m'arracha enfin à ces réflexions. Je rassemblai mes idées et je cherchai à unir ma prière à celle de ma sœur! je réussi enfin et je conçus l'espoir que Dieu me pardonnerait mon manque de confiance et la défaillance de ma foi.

« Lorsque Kosko avait fait partir les chevaux, il avait eu la présence d'esprit d'arracher la lanterne allumée du traineau et de l'apporter dans la cabane hospitalière. Pendant que les hurlements des loups se faisaient entendre, tandis qu'ils sautaient contre la porte et qu'ils essayaient de grimper contre la fenêtre munie de forts volets, nous examinions l'intérieur de la cabane et les objets qui nous entouraient.

« Nous ne trouvâmes que des murs nus en terre glaise; un banc de pierre s'étendait le long d'un de ces murs; dans un des coins se trouvait un peu de paille à moitié pourrie, mais à côté il y avait un trésor inestimable : une quantité de bois suffisante pour nous garantir pendant vingt-quatre heures contre une température glaciale.

« Le vieux domestique ne perdit pas un moment

pour s'en servir, et bientôt un feu bienfaisant flamba
au milieu de la cabane. La fumée montait vers le
plafond et se perdait par une de ses ouvertures du
toit qu'on pratique ordinairement dans les cabanes
des chasseurs. Je respirai plus librement à cette
heure et je regardai avec plus de tranquillité **ma**
sœur bien-aimée qui était assise sur le banc, occu-
pée à ranimer la femme de chambre que Kosko
avait couchée en cet endroit. Quelques gouttes d'une
boisson spiritueuse firent rouvrir les yeux à cette
femme; puis nous nous rassemblâmes autour du feu,
dont la chaleur vivifiante produisit un bon effet sur
nous tous.

« Tout en entendant les hurlements de nos terribles ennemis, nous nous félicitions de leur avoir
échappé. La femme de chambre, délivrée de la pa-
ralysie de la terreur, se mit alors à raconter avec
une volubilité intarissable tout ce qu'elle avait souffert; elle avait tout vu, tout entendu, quoique profondément évanouie.

« Je m'étais emparé de la main de Nadèje; nos regards se rencontrèrent, et, sans que nous eûmes
besoin d'échanger un seul mot, ils exprimaient la
douce émotion de notre délivrance inespérée.

« Le vieux Kosko seul semblait insensible à la faveur que le ciel nous avait accordée. Il jetait des regards sombres sur la flamme vacillante; son front était soucieux, et, de temps en temps, je le voyais secouer la tête.

« J'y fis d'abord peu d'attention, j'étais trop heureux. Tout à coup nous entendîmes un cri perçant retentir au dehors et nous regardâmes avec anxiété.

« Ce cri était d'une nature telle, que ce n'était certainement pas un homme qui l'avait poussé; je ne connaissais aucun animal à qui il fut propre. Il s'éteignit bientôt, mais l'horrible plainte qu'il renfermait retentit encore longtemps au fond de nos cœurs.

« — Ce cri terrible, me dit alors Kosho, nous annonce, monsieur, la mort de votre cheval favori. J'en ai souvent entendu de pareils sur le champ de bataille, il est poussé par les chevaux jeunes et forts qui combattent jusqu'aux derniers moments avec des efforts inouïs contre la mort; je gage que la jument a moins souffert, mais ce qui est certain, c'est que les pauvres bêtes sont devenues la proie des loups : ces monstres sont encore occupés et nous laissent ainsi un instant de repos; mais ils reviendront bientôt plus affamés, plus furieux qu'auparavant.

11*

« Le vieux serviteur disait vrai : ils ne tardèrent pas à recommencer leurs attaques contre la cabane ; nous pûmes même deviner sans peine que leur fureur était augmentée, car ils essayèrent de grimper le long des murs pour arriver jusqu'au toit.

« Nous étions dans la plus horrible attente, les yeux fixés sur l'ouverture du toit. Tout à coup, la rafale écartant la fumée, nous pûmes distinguer le ciel tout constellé. En ce moment la femme de chambre tomba sans connaissance en nous montrant cette ouverture. Nos regards y rencontrèrent une apparition terrible : quatre têtes de loups se trouvaient en cet endroit, la gueule encore écumante de sang. A travers la fumée, ces têtes effroyables ressemblaient à des démons de l'enfer.

« Kosko seul garda sa présence d'esprit ; il jeta un fagot dans la flamme et nous dit :

« — Nous n'avons rien à craindre de ceux-ci, les loups ont peur du feu, ils sont aveuglés par l'éclat de la flamme et ne nous distinguent pas.

« Un craquement horrible se fit cependant entendre ; trois des monstres disparurent au moment où la partie de la toiture qui n'était qu'en bois, s'était effondrée sous le poids du quatrième qui tomba au milieu du feu.

« — Retirez-vous ! s'était écrié le vieux Kosko. Tirez, me dit-il, mais ne manquez pas votre coup.

« Il s'était emparé du fusil. L'animal jeta des cris effrayants; je lâchai la détente du pistolet et au même moment Kosko acheva le loup d'un coup de crosse.

« Nous le retirâmes du feu, où son sang répandu avait produit une fumée épaisse et infecte; nous le portâmes aussitôt dans un coin.

« — C'est probablement le seul essai de ce genre que nous aurons à craindre dans le courant de cette nuit, me dit Kosko, mais, ajouta-t-il, quand le jour commencera, nous verrons arriver plus de ces animaux de l'enfer, que nous ne pourrons en tuer...

« J'avais seul entendu ces paroles, et je lui demandai à voix basse quelle crainte il éprouvait, car, moi, j'avais l'espérance qu'avec l'aurore les loups quitteraient la partie pour se retirer au milieu des forêts.

« — Quand bien même cela serait, répondit-il tristement, à quoi cela nous servirait-il? les chevaux sont morts, et puis, comment une faible créature comme l'est mademoiselle Nadéjo pourrait elle atteindre à pieds les limites de la forêt? La nuit nous surprendra de nouveau, et les loups sauront bien nous retrouver; mais, hélas! cette espérance est tout à fait vaine. Là où les loups se rassemblent en si grand nombre, ils ne craignent pas la clarté du jour. Tant que notre provision de bois durera, notre feu nous préservera d'une attaque d'en haut; pendant le jour la flamme ne fait pas une si forte impression sur les loups. Il nous faut rassembler tout notre courage, toutes nos forces, pour les événements prochains, car il faut défendre les femmes et notre vie jusqu'au dernier moment. Tout cela ne servira probablement à rien, ajouta-t-il d'une voix si basse qu'à peine pouvait-on l'entendre.

« Ma seule espérance, fondée sur le retour de la clarté du jour, était donc détruite; notre perte me paraissait maintenant certaine; aussi l'amertume du désespoir se répandit-elle de nouveau sur mon âme.

« Dans la crainte que Nadèje ne vit mon trouble, et voulant la laisser conserver aussi longtemps que possible le peu de tranquillité qui lui restait, je m'approchai d'elle.

« Les heures s'écoulèrent pour moi avec lenteur et anxiété. Nadèje s'était endormie, elle reposait comme une enfant qui ne connaît pas les dangers qui l'entourent; elle souriait en dormant, et ce sourire me perçait le cœur.

« Le vieux Kosko, rentré dans le silence, continuait à entretenir le feu ; il avait dit vrai, aucun loup ne parut à l'ouverture du toit ; mais leurs grattements contre la porte, leurs cris, leurs hurlements, continuèrent toute la nuit.

« Avant que Kosko m'eût fait part de ses observations, tous mes vœux rappelaient le jour, et maintenant je désirais que la nuit fût sans fin. Vœux insensés de l'homme !... Qu'aurions-nous obtenu par là, si ce n'est une mort lente, celle de la faim au lieu de celle qui nous était réservée par la dent des loups ?

« Les étoiles commençaient à pâlir ; le jour si redouté parut enfin.

« Le moment où les prédictions de Kosko devaient s'accomplir s'approchait.

« Les loups, encouragés par le grand jour, grimpèrent, au nombre de vingt environ, sur le toit, qui était sous le point de s'effondrer sous leurs poids. Nadèje dormait toujours ; j'en rendais grâce à Dieu.

« Dans ce moment suprême, quand tout espoir de salut semblait perdu, nous entendîmes la détonation de plus de cinquante coups de fusil ; le son des cors de chasse et des aboiements de chiens frappèrent nos oreilles.

« Les deux femmes se levèrent.

« Nos terribles ennemis se précipitèrent en bas du toit, et ils s'éloignèrent en poussant des hurlements affreux.

« Kosko entr'ouvrit la porte avec précaution, et s'écria :

« — Les loups ont disparu et voici les chasseurs qui sortent de la forêt.

« Nous nous précipitâmes vers la porte.

« Nous étions sauvés. La vie et la liberté nous étaient rendues, et avec elle la jouissance de la terre, la magnificence des cieux; la source de la vie se renouvelait; nous respirions l'air du matin.

« Nous vîmes alors paraître notre libérateur à la tête des chasseurs : c'était Ivan de Labanof.

« Qui pourrait dépeindre ce moment d'ivresse? J'étais fou de joie, je l'entourais de mes bras en riant, car je voyais saine et sauve, à côté de moi, ma sœur bien-aimée douée de tous les charmes de la jeunesse et de la vertu.

« Nadèje tendit avec un doux sourire sa main à Ivan, qui la pressa contre ses lèvres.

« Pendant que ses compagnons poursuivaient les loups, nous fîmes part à notre libérateur de ce qui était arrivé, et il nous raconta comment il avait pu venir si à propos à notre secours.

« La nouvelle s'était répandue dans le château de sa mère qu'une grande troupe de loups, descendue des immenses forêts de la Lithuanie, avait envahi le pays que nous avions à parcourir et que plusieurs malheurs étaient déjà arrivés. On nommait les victimes, et il savait que les habitants des alentours s'étaient réunis pour faire la chasse à ces féroces animaux. Agité par une inquiétude poignante, Ivan avait rassemblé tous les hommes en état de se servir d'armes, et était parti au moment où d'autres propriétaires arrivaient avec leurs paysans.

« Ceux-ci ne comptaient commencer la chasse que le lendemain; mais rien ne put arrêter Ivan. En peignant avec l'éloquence du cœur les dangers que nous devions courir, il avait vaincu les inquiétudes de sa mère et les objections de ses amis.

« — Dieu soit béni, s'écria-t-il, puisque j'ai été assez heureux pour vous sauver !

« Deux mois après, ajouta notre aimable conteur, on célébrait au château d'Arnhein, devant mon vieux père rendu à la santé, le mariage de ma sœur Nadèje et de son libérateur. »

UNE

CHASSE A L'ANTILOPE

CHASSE A L'ANTILOPE

Ceci est le récit d'une excursion cynégétique d'un de mes bons amis, voyageur intrépide et chasseur enragé.

« Nous étions au mois de mars ; dix heures venaient de sonner, et il faisait le plus beau clair de lune possible, quand une petite réunion de hardis chasseurs et de bons vivants partit du vaste cantonnement de Sah, dans le Deccan, pour l'expédition dont je vous adresse le compte rendu.

« La singulière heure pour se mettre en route! Sachez pourtant, mon cher Bénédict, que l'Inde n'est pas la France, et que, dans ce pays, rien n'est plus commun que de faire tous ses efforts pour prendre le blond Phœbus au dépourvu et pour gagner une marche sur lui. D'ailleurs nous avions bien diné; nous avions bu quelques bouteilles de vieux vin de Bordeaux ou de Madère, que sais-je? je ne me rappelle plus précisément lequel des deux. Tout ce que je peux certifier à ce sujet, c'est qu'après avoir terminé l'affaire par un bon verre d'eau-de-vie et d'eau, afin de nous mettre à l'abri de l'influence du serein, nous nous jugeàmes assez vigoureux de corps et d'*esprit* pour pouvoir défier tout *Sheitan* (esprit malin) qui voudrait tenter de mettre obstacle à notre course nocturne.

« Notre petite troupe se composait de cinq personnes. Trois d'entre elles pouvaient se vanter d'être de vrais chasseurs dans toute la force du terme; des hommes qui n'auraient pas hésité un instant à sacrifier le repos d'une nuit pour courir les *jungles* et tirer un porc-épic ou un *dumulgundy* (grosse hyène); qui se seraient cassé le cou pour s'emparer de la queue d'un renard, et qui auraient affronté pendant une journée entière les brouillards et les vents brûlants pour mettre dans leur gibecière une couple de *florikins*.

« Les deux autres membres de notre société étaient ce que l'on appelle de *bons enfants*, dénomination qui ne s'applique nulle part avec plus de justesse qu'aux Indes, où l'on n'apprécie pas les gens d'après leur rang ou la pesanteur de leur bourse, mais d'après les qualités qui les rendent vraiment estimables. Du reste, nos deux amis préféraient, je crois, tirer un bouchon que la détente d'un fusil, et chanter une chanson de table qu'un *hallali*. Ce devaient être là d'énormes défauts aux yeux de nous autres chasseurs; mais leur amabilité rachetait tout cela, et ils étaient toujours bien reçus au camp du *sporting-club*, hélas! ils ne sont plus, ils sont tombés victimes, l'un du climat, l'autre du mariage, que la paix soit avec leurs cendres!

« Nos coursiers et nos *ghorawallah,* qui nous attendaient depuis longtemps et qui s'impatientaient de notre long retard nous virent enfin paraître, ainsi que je l'ai dit, vers dix heures du soir. Nous montâmes donc, pleins d'enthousiasme, et nous partimes pour notre destination qui, à vol d'oiseau, n'était qu'à huit ou neuf milles de distance.

« Pendant que nous cheminons je vais m'occuper de

donner au profane *griffou,* arrivant pour la première fois dans l'Inde, l'explication du terme barbare dont je viens de me servir. Il répond assez exactement au mot anglais de groom, et, traduit littéralement, il signifie *gardien de chevaux.* Au Bengale, ces fonctionnaires sont connus sous la dénomination persanne et plus euphonique de *saïs;* mais les Bengalais sont des gens affectés, et pour moi j'aime beaucoup mieux le modeste mot de *ghorawallah,* ou même l'expression malabaroise plus simple encore de *cuddracarrah.* Après les porteurs de palanquins, il n'y a certes pas de serviteurs aux Indes qui se montrent plus utiles et qui fassent un ouvrage plus pénible. Leur vigueur et leur persévérance sont réellement admirables et feraient souvent honte aux plus célèbres piétons de l'Angleterre. Ils regardent comme un devoir de marcher du même pas que leur cheval, soit sous le harnais, soit sous la selle, et pour cela ils supportent des fatigues qui tueraient infailliblement tout homme qui n'en aurait pas pris l'habitude depuis son enfance. Dans la saison la plus chaude, il m'est souvent arrivé de faire cinq milles, aller et venir, avec un cheval au grand trot, et mon gardien s'est trouvé là à ma descente. Je suis revenu d'un pas pressé dans le cantonnement au retour d'une partie de chasse qui m'avait entrainé à quatorze milles, et le Bengalais, chargé de mon fusil, arrivait presque aussitôt que moi.

« Mais je reviens à ma société qui s'avançait assez bruyamment vers les antiques ruines de *Surrou-Nug-gur,* notre quartier général, situé au milieu de la *Rumna,* ou chasse privilégiée de Son Altesse le Nizam de Hyderabad, où nous comptions nous fixer pour quelques jours.

« Pour obtenir le droit de chasser l'antilope dans cette partie du pays, il était nécessaire de s'adresser au ministre Chundou-Lale, par l'entremise du résident anglais, il nous faisait passer un « houkum », ou permis de chasse, pour un certain nombre de jours. Mais on a reconnu depuis que trop d'animaux périssaient par ce système, et en conséquence, le permis ne s'accorde aujourd'hui que pour tuer deux antilopes mâles; quant aux femelles, on trouve qu'elles ne valent pas la poudre que l'on dépenserait pour les tirer.

« Grâce au beau clair de lune, nous traversâmes sans accident le pays aride et coupé qui s'étend depuis Sah jusqu'à la rivière de Moussa, ruisseau bien peu considérable en cette saison, mais qui n'en est pas moins très-difficile à passer, à cause de l'escarpement de ses rives et de son lit rocailleux. Nous eûmes beaucoup de peine à découvrir le gué, après quoi, nous arrivâmes, au bout d'une demi-heure, à l'espèce de caverne dans les ruines que nous avions choisies pour gîte. La plus profonde obscurité régnait de tous côtés; les domestiques que nous avions envoyés en avant, ne comptant plus nous voir cette nuit, s'étaient endormis. Nous n'eûmes cependant pas beaucoup de peine à les réveiller, et quand ils eurent battu le briquet, nous eûmes la satisfaction de voir que notre dîner était servi, que nos lits de camp étaient dressés, que nos chevaux de rechange étaient confortablement logés sous la voûte, tandis qu'une vingtaine de nègres, *coulis* et *coupeurs d'herbes,* ronflaient, couchés par terre et enveloppés dans leurs sombres couvertures. Nous ne tardâmes pas à suivre leur exemple, et après avoir ordonné qu'on nous réveillât avant le jour, nous nous livrâmes au sommeil pour rêver à notre chasse du lendemain.

« L'aurore nous trouva tout équipés; mais avant que nous eussions complété nos arrangements le soleil s'était levé, et moi, grimpant jusqu'au haut d'un vieil édifice, je jetai un regard avide de tous côtés, car plus d'une fois déjà, à cette heure matinale, j'avais abattu un beau mâle à quelques cents pas des ruines. Mais j'avais beau regarder, rien de vivant ne s'offrait à ma vue, et mon œil ne distinguait que le terrain déjà brûlé, rompu çà et là par des lits de torrents desséchés ou par des rivières, entremêlé de rochers à pic et bordé à l'horizon par une chaîne de montagnes escarpées. La seule verdure qui soulageât un peu la vue était celle de quelques touffes de corossoliers qui brillaient comme autant d'oasis dans le désert. Lorsqu'enfin nous fûmes à cheval, chacun de nous prit une route différente après avoir invoqué Saint-Hubert.

« Quant à moi, je me dirigeai vers les montagnes, résolu de suivre mon ancien système de chasse qui se présente sous plusieurs formes différentes. La première est de s'envelopper dans une de ces grosses couvertures brunes dont se servent les indigènes et qu'ils appellent des *cumlay*; les antilopes, nous prenant pour un Indien dont elles ont moins peur que des Européens, nous permettent d'approcher de plus près.

« La seconde méthode consiste à se cacher derrière un rideau de feuillage que l'on fait porter devant soi, et qui nous donne quelque ressemblance avec la forêt mouvante de Birnam, qui annonça la mort de Macbeth. Enfin on m'a dit que certains chasseurs s'avancent précédés d'un bœuf; mais c'est là une méthode que je n'ai jamais vu pratiquer. Dédaignant toutes ces ruses, indignes d'un vrai chasseur, je monte d'ordinaire sur mon bidet bien dressé, Kangarou, vrai maharatte, petit, mais fort comme un lion, marchant bien et ferme comme un roc sous le feu. Mon fidèle gardien de chevaux à mes côtés, portant mon fusil à deux coups, et armé moi-même d'un éperon au pied gauche et d'une lance de bambou à la main droite, je m'avance jusqu'à ce que j'aperçoive un antilope mâle. Si je ne trouve aucun endroit où je puisse me mettre en embuscade, je continue mon chemin sans avoir l'air de faire attention à lui, examinant, toutefois, soigneusement, le terrain et parcourant un grand cercle autour de l'animal; puis aussitôt que je me vois couvert, soit d'un rocher, soit d'une touffe de dattiers, soit d'un petit tertre, à cinquante ou soixante mètres du gibier, je pars au grand galop, je saute à bas de mon cheval et lui envoie à droite et à gauche deux balles pendant qu'il s'enfuit. Il arrive nécessairement de trois choses l'une : ou je le tue sur le coup, ou je le manque, ou je le blesse. Le premier cas est fort rare, puisqu'il faut que la balle touche l'antilope à la tête ou au cœur pour la tuer; le second est le plus ordinaire; mais si vous avez le bonheur de blesser votre animal, vous pouvez espérer d'avoir une belle et agréable chasse.

« Je vais saisir cette occasion pour donner quelques bons conseils à de jeunes chasseurs d'antilopes. Je n'oublierai jamais le plaisir que j'éprouvai en blessant mon premier mâle, et mon désappointement, je dirai presque mon désespoir, en le voyant définitivement échapper à ma poursuite.

« Je m'étais fatigué inutilement pendant la plus grande partie d'une journée brûlante, et j'étais malade à la fois par suite de nos espérances déçues, et de l'excessive chaleur du soleil dardant ses rayons sur mes membres *griffous*. A la fin, je tirai un coup de fusil à un bel animal qui, après avoir couru l'espace de quelques mètres, paraissait près de rendre le dernier soupir. Enchanté de ce succès inattendu, je m'élançai vers lui et m'arrêtai pendant quelques instants pour contempler ma belle victime, lorsque, au moment où je m'apprêtais à le saisir par les cornes, voilà qu'à mon étonnement, à mon effroi, je le vis se lever tout à coup et partir avec la rapidité d'une flèche. Malheureusement je ne pus lui envoyer une seconde balle, car je m'étais servi d'un fusil ordinaire, et, dans ma joie, je n'avais pas songé à le recharger ; c'est là une des raisons pour lesquelles je préfère les fusils à deux coups, même pour des balles.

« Dans la matinée du jour, où le chasseur Bengalais m'accompagna à Surrou-Nuggur, je fus particulièrement malheureux. Ce ne fut qu'au moment où j'allais retourner à la ruine pour déjeuner, que je vis un beau mâle noir passant tranquillement à deux cents pas de moi. Il y avait de bons couverts dans les environs, et je n'eus pas de peine à lui lâcher deux coups lorsqu'il partit. Je le manquai du premier, mais au second je lui vis faire un détour et un bond d'une espèce particulière que je ne puis comparer qu'au bruit que l'on fait avec les lèvres quand on les ouvre tout à coup après les avoir tenues serrées. Je reconnus sur le champ qu'il avait été atteint probablement entre la hanche et les côtes, et je m'attendis en conséquence à ce qu'il me donnerait de la tablature, je ne fus pas trompé.

« Mon Bengalais était à mes côtés avec ma lance, et au bout d'un instant Kangarou se mit courageusement à la poursuite de l'antilope. Celle-ci se dirigeait vers les montagnes, et je savais que si je ne parvenais pas à lui faire changer de route, je ne devais guère me flatter de faire avec elle plus ample connaissance. Je résolus, d'après cela, d'essayer sa vitesse en làchant la bride à Kangarou, je lui donnai en outre un petit coup d'éperon. Kangarou était pour sa taille la meilleure bête qui eût jamais broyé du *grom* (*). Il était d'ailleurs, ce jour-là, dans d'excellentes dispositions et sa persévérance était à toute épreuve. Malgré cela, l'antilope gagnait du terrain sur lui; elle avait cessé de bondir et de sauter, et s'était mise à galoper, preuve de plus qu'elle était grièvement blessée, ce qui me faisait regretter bien davantage encore de la voir si près des montagnes. En ce moment critique, quelques Indiens étant sortis de derrière une touffe de dattiers, précisément devant l'animal effrayé, celui-ci se retourna et changea sa direction du sud à l'ouest. Ce fut un grand bonheur pour moi; je courus une autre bordée, et ne pouvant l'égaler en vitesse, je résolus d'essayer jusqu'où il pousserait la persévérance. Je l'avais si bien vu au moment du détour que je ressentais un désir incroyable de me voir possesseur de ses belles cornes tournées en spirale, et je me déterminai à lui faire une guerre à outrance.

« Retenant donc fortement le bridon, je réglai mon

(*) **Espèce de pois avec laquelle on nourrit les chevaux aux Indes.**

pas de manière à tenir toujours les yeux attachés sur lui. Il ne bronchait pas, et parvenu à la fin sur le bord d'un ravin, il disparut tout à coup à ma vue. C'est maintenant où jamais le moment, me dis-je; il n'osera pas franchir le précipice. Je donnai donc de nouveau de l'éperon afin de le rejoindre au fond du ravin. Mais je me trompai dans mon calcul, en arrivant sur les bords de cette « nullah », qui était à la fois profonde et large, je le vis penché d'un air triomphant sur le bord opposé. Ma position était cruelle : je me trouvais sur un cheval fatigué et séparé de mon adversaire par un abîme. Quoiqu'il en soit, c'était le moment d'agir et non pas de réfléchir. Etant donc descendu tant bien que mal au fond de la « nullah », je remontai à grand'peine l'autre bord; mais, hélas! Les sanglots du pauvre Kangarou indiquaient clairement qu'il n'en pouvait plus, et en arrivant sur la crête il essaya vainement de prendre un petit galop court. Je regardai autour de moi pour voir ce qu'était devenue mon antilope que je m'attendais à retrouver à un quart de mille au moins en avant. Une plaine immense s'étendait devant nos yeux; elle était bornée par la mosquée d'Aurungzebe, dont les minarets élevés brillaient aux rayons éblouissants du soleil. Je vis paraître à une fort grande distance un troupeau d'antilopes, mais la mienne n'en faisait évidemment pas partie. Une étincelle d'espoir pénétra dans mon sein et ne tarda pas à se changer en certitude, lorsqu'en jetant les yeux le long des bords du ravin sur la gauche, j'aperçus à cinquante pas environ un gros bouquet de corossoliers. Je connaissais assez la « gent aux pieds légers » pour être convaincu que ma bête était cachée sous leurs rameaux protecteurs.

« La marche que je devais suivre alors était exactement l'opposé de celle que j'avais adoptée en partant. Chaque moment de repos que je donnais à mon bidet devenait de plus en plus fatal à l'antilope, laquelle, en supposant même qu'elle ne perdit pas de sang, ne pouvait manquer de s'affaiblir par l'effet de sa blessure.

« Je n'osais pourtant encore risquer de mettre pied à terre; mais tenant les yeux fixés sur le bouquet d'arbustes, j'attendis que mon cheval et moi nous eussions retrouvé notre haleine, ce dont nous avions tous deux également besoin : ce ne fut qu'après cela que je m'approchai du buisson. Je ne m'étais pas trompé, mais l'animal ne m'y attendit pas. Il repartit, résolu de se défendre jusqu'à la dernière extrémité.

«Les cinq minutes de repos que l'animal avait prises avaient eu tout l'effet que je m'en étais promis. Il n'était plus le même, l'éclat de sa peau avait même disparu. Une étroite bande rouge se montrait distinctement sur la blancheur de son flanc; sa langue était pendante et son pas chancelant. Mais quelque triste que fut son état, il me donna plus de peines que je ne l'aurais pensé. J'étais alors si près de lui que j'étais bien sûr qu'il ne pourrait point m'échapper; mais je désirais en finir promptement, car je me sentais mourir de chaleur et de soif. En tout autre moment ses sanglots plaintifs et ces cris m'auraient inspiré de la pitié, mais mon sang bouillonnait dans toute la force du terme. Je pressai tant que je pus mon bidet, et je vis que nous gagnions du terrain, mais lentement. Quoiqu'il en soit, cela ne pouvait pas durer éternellement, la dernière heure de l'antilope avait sonné. Après quelques enjambées, Kangarou fut côte à côte avec elle; je plongeai ma lance dans ses épaules, elle y entra comme dans du beurre, et l'instant d'après mon couteau de chasse lui traversa le cou.

« Quoique vainqueur ma situation n'était nullement digne d'envie. La mosquée me servait de jalon, au moyen duquel je calculai que j'étais à cinq ou six milles de la ruine, avec un cheval harassé pour me ramener moi et mon gibier, sans compter que j'avais l'estomac vide, qu'un soleil brûlant dardait ses rayons d'aplomb sur ma tête, et que des bouffées de chaleur se faisant sentir par intervalle, annonçaient que le vent des sables ne tarderaient pas à souffler. L'idée d'abandonner mon butin n'entra pas un seul instant dans ma tête; mais je n'avais d'espérance que dans *Cheunou,* qui ne manquerait certainement pas de me rejoindre. En effet, je ne tardai pas à le voir apparaître derrière un tertre à environ un mille de distance. J'élevai mon chapeau sur la pointe de ma lance; il vit mon signal et se hâta de venir à moi; à son arrivée le groupe qu'il aperçut dut lui paraître assez étrange. L'antilope était couchée sans vie et baignait dans son sang, le bidet secouait encore la queue par l'effet de sa course, et moi je m'étais couché sous lui pour m'abriter, autant que possible, contre les rayons du soleil.

« Après avoir dit à *Cheunou* de se procurer une couple d'Indiens pour rapporter le gibier, je remontai et repris la route de Surrou-Nuggur, où je trouvai toute la société rassemblée et confortablement assise, chacun sur sa couchette, à la suite d'un bon déjeuner. Le nombre des tués et des blessés, indépendamment du mien, s'élevait à quatre mâles et une femelle. Les deux non-combattants s'étaient amusés à poursuivre un mongous à l'aide d'un basset, et à surveiller les préparatifs du déjeuner.

« C..., qui avait abattu trois mâles pour sa part, se remit en chasse dans le courant de la journée, pour voir s'il ne pourrait pas tuer quelques lièvres et quelques perdrix rouges. Quant à moi, j'en avais assez, et je me contentai d'errer sous la fraîcheur des voûtes et de regarder les coulis et le ghorawahallis disséquant le gibier dont ils obtiennent toujours une part. Pendant cette opération, je vis extraire une balle du corps d'une antilope d'une manière fort singulière : l'animal avait été frappé à l'épaule, la balle avait suivi une direction diagonale et s'était logée dans le côté opposé, entre la peau et les côtes. L'opérateur annonça qu'il la ferait sortir par la même ouverture par laquelle elle était entrée. J'avoue que je ne pouvais concevoir comment il s'y prendrait. Il passa un doigt et le pouce entre la peau et la chair, saisit la balle, la ramena de même, et la fit sortir effectivement par le trou qu'elle-même avait fait.

« Notre *téffin* ou goûter se composa de carry et de soupe à l'antilope, et de civet de lièvre. Il n'y eut point d'absence dans cette importante occasion. Les exploits de la journée firent le sujet de la conversation jusqu'à une heure assez avancée, après quoi nous allâmes tous goûter le repos avec le projet de recommencer le lendemain. »

CHASSE AUX CHAMOIS

CHASSE AUX CHAMOIS

———

Je n'avais pas voulu quitter la Suisse sans emporter avec moi, le souvenir de quelque noble exploit, et je partis, vers la mi-août, avec mon ami O'Brien de Meyringen, un charmant camarade. Après une promenade magnifique, mais fatiguante, d'environ dix lieues, nous arrivâmes à l'auberge du Mont-Grimsel. Notre route suivait le cours turbulent et écumeux de l'Aar.

En sortant de la tranquille vallée de Meyringen, nous marchâmes pendant quelque temps dans un bois, et entourés de hautes montagnes, du sein desquelles on voit tomber la célèbre cascade du Reichenback.

La journée était délicieuse et les arbres se montraient couverts d'un feuillage épais et riche. Nous vîmes un artiste copiant le tronc le plus sec, le plus décharné de la forêt; on eût dit que la tempête ou la foudre l'avait frappé. Quel amour étrange l'homme éprouve, même pour les difformités de la nature!

A la descente de la montagne, notre vue s'étendit sur le village de Hosli et sur de nombreux chalets épars dans la plaine. Rien ne saurait être plus pittoresque que leur architecture si éminemment helvétique. Ils sont construits exclusivement en bois; ce sont des troncs du sombre pin du pays, dont souvent on n'a pas même pris la peine d'enlever l'écorce; les fenêtres sont hautes et larges, le.toit forme une saillie considérable, ce qui est absolument nécessaire, à cause de l'immense quantité de neige qui tombe durant l'hiver.

La porte est d'ordinaire au centre, à dix ou douze pieds de terre, et l'on y monte par un perron. Le rez-de-chaussée est occupé par les vaches et les chèvres. Les Suisses ont eu l'art de rendre très-confortables ces habitations si simples.

En quittant le village, nous prîmes, tout près des bords de l'Aar, un sentier qui surpassait en beautés sauvages tout ce que j'avais encore vu. D'un côté, les montagnes gigantesques, couvertes de neige, élevaient au-dessus de nos têtes leurs aiguilles étincelantes, tandis que les rayons du soleil, réfléchis par cette neige, brillaient d'un éclat éblouissant; de l'autre, se montrait une colline richement cultivée; des vignes entouraient sa base, et le torrent, blanc comme du lait, se frayait une route bruyante entre les roches, à nos pieds.

Mon ami étant un peu fatigué du poids de son fusil à deux coups, nous entrâmes dans un chalet pour nous rafraîchir. Quel que soit le canton de la Suisse où vous voyagez, quelle que soit la distance où vous vous trouvez de toute bourgade ou habitation considérable, vous êtes toujours sûr de pouvoir satisfaire votre appétit, pourvu que vous ayez de quoi payer, car il faut malheureusement convenir que les habitants de ce pays n'ont pas changé leur ancienne devise : *Point d'argent point de Suisse.*

Pendant que l'on apprêtait pour nous du kirschwasser, du lait, du pain et du fromage, je m'amusais à

parcourir le registre que, d'après les règlements de
la police, le plus obscur aubergiste est obligé de tenir, de tous les voyageurs qui s'arrêtent chez lui. On
y lit des remarques amusantes et des conseils souvent fort utiles, mais auxquels il ne faut pas toujours
implicitement se fier.

En voici un exemple :

L'HOTEL DES BAINS DE ROSALAIN.

Un voyageur avec instance invite
       Ses concitoyens, ses amis,
       A ne chercher jamais de gîte
       Chez le maître de ce logis,
       Sans avoir fait leur prix d'avance,
Pour le lit, les repas et toute la dépense.
       Neuf Anglais s'y sont trouvés pris.
       Dans son audace sans seconde,
Pour des fraises, du beurre, un broc de lait, du pain
       Et du bouillon que l'animal immonde
       Eut repoussé même au fort de sa faim,
Notre hôte à vingt-deux francs fait monter son mémoire.
       Fuyez donc, vous pouvez m'en croire,
Non loin de Meyringen, l'auberge du ravin,
Au pied du grand glacier que, si vous êtes sage,
Vous irez visiter sans tarder davantage.

C. GRINCHU.

Nonobstant l'avertissement poétique de M. Grin-chu, nous fîmes une fort bonne collation et ne fûmes pas écorchés.

Du chalet de Handick nous nous détournâmes d'une centaine de pas pour aller admirer la plus belle chute d'eau de l'Europe, après celle du Rhin. Je n'ai jamais vu de spectacle plus absorbant. L'Aar se précipite d'un mur de rochers de deux à trois cents pieds de haut, sur deux points différents qui se réunissent à moitié chemin, et la masse d'eau roule ensuite ensemble au pied de l'abîme, d'où elle fait rejaillir une écume qui mouille tous les objets dans un rayon de plusieurs toises.

Le bruit est assourdissant. J'étais placé sur un petit pont formé par une planche jetée au travers du précipice, et d'où je pouvais contempler la chute en face. La masse d'eau est immense ; la rivière toute entière se précipite devant l'ouverture et la bouche complétement. L'écume est si épaisse, qu'elle cache tout à fait le fond.

Un artiste anglais, nommé Wolf, s'est fait descendre par des cordes, pour pouvoir peindre l'effet gé-néral ; il devait avoir la tête bien forte pour supporter le bruit.

Le jour baissait déjà quand nous arrivâmes à

Hellenplatte, vaste rocher glissant. Il nous fallait une grande sûreté de pied pour le franchir sans accident. Cependant les nuages s'accumulaient sur le sommet des montagnes et se déroulaient de là jusqu'au fond des vallées qu'ils couvraient d'une profonde obscurité. Un grand coup de tonnerre, accompagné d'un éclair éblouissant, nous fit hâter notre marche. Je me fis donner par le guide mon manteau en caoutchouc, et à peine l'eus-je jeté sur mes épaules que la pluie commença à tomber par torrents.

Un orage dans les Alpes n'est pas une plaisanterie, vous pouvez m'en croire; or, il y avait une demi-heure que nous étions en butte à toute sa fureur, quand une lumière hospitalière, perçant les ténèbres, vint nous réjouir en nous offrant le port auquel nous tendions : l'auberge de Grimsel.

A l'abri de son toit, qui semblait fier de nous recevoir, un feu pétillant et un bon souper nous firent bientôt oublier toutes nos mésaventures. C'est avec raison que l'on a remarqué qu'à moins d'être dans sa propre demeure, on ne se sent nulle part autant chez soi que dans une auberge. L'ami le plus tendre ne nous fait pas un accueil aussi empressé que l'hôtelier; et où trouver des domestiques aussi prompts à vous servir que les garçons de l'hôtel? Plus vous exigez d'eux, plus ils paraissent contents, parce qu'ils se flattent que le pour-boire sera proportionné à la peine que vous leur avez donnée.

Mais je fais trève à ces réflexions si tristes pour l'humanité et je veux parler du souper.

Les mets qu'on nous servit ne furent pas très-variés, et l'on ne s'en étonnera point quand on réfléchira à l'isolément du lieu où nous nous trouvions. Il est certain que si l'on considère la position de la plupart des auberges dans les montagnes de la Suisse, leur éloignement de tous marchés et même du plus petit hameau, on ne peut pas être surpris si l'on est obligé de payer un peu cher les objets d'une qualité réellement fort bonne que l'on y trouve.

On sait d'ailleurs que, pendant plus de six mois de l'année, ces auberges sont en quelque sorte ensevelies sous la neige.

Notre souper se composait de mouton et de veau. avec du bon vin de Saint-Georges et d'excellent thé. Son exécution était au plus haut point brillante, et elle excita en moi le plus vif enthousiasme.

Ayant appris que le fils de notre hôte était un chasseur de la première force. nous nous adressâmes, comme de raison à lui, pour l'engager à nous accompagner dans notre expédition. Nous apprîmes avec plaisir qu'il avait déjà rendu le même service à un Anglais qui avait chassé pendant plusieurs mois dans les montagnes. Il nous conscilla de nous mettre en campagne de bonne heure; nous donnâmes ordre, en conséquence, qu'on nous réveillât à trois heures du matin et qu'on nous préparât à déjeuner; après quoi nous nous couchâmes pour rêver au carnage que nous ferions le lendemain parmi les ruminants.

Quant à moi, je dormis profondément jusqu'à ce qu'André, notre guide, vint nous dire qu'il était temps de nous lever.

La chambre de mon ami étant à côté de la mienne, nous fûmes bientôt prêts.

L'heure matinale, car il ne faisait pas encore jour, l'idée du plaisir peu commun auquel j'allais me livrer pour la première fois, la taille élevée et athlétique de notre chasseur de chamois, avec sa carabine longue comme une canne à pêcher, et l'aspect des Alpes sombres et gigantesques qui se dessinaient vaguement à mes yeux, tout se réunit pour me causer une telle agitation qu'il me fut impossible de prendre aucune nourriture avant de partir. Nous eûmes toutefois la précaution de nous munir de provisions pour la journée; et laissant les habitants de l'auberge ensevelis dans le sommeil, nous commençâmes à gravir la montagne qui s'élevait devant nous.

Notre nouveau conducteur offrait un très-beau modèle d'un hardi paysan. Il était âgé d'environ vingt-trois ans; un exercice constant avait développé les muscles de ses membres nerveux et ses traits virils étaient brunis par le hâle; son activité était extraordinaire et nous eûmes plus d'une fois occasion de l'admirer. Jamais je n'ai vu de fusil avec un canon aussi long que le sien; je suis sûr qu'il avait au moins cinq pieds. Mon ami avait un fusil à deux coups de Paris. Je portais le second fusil de notre guide, vrai nain à côté du premier.

Quand nous arrivâmes au sommet d'une des montagnes qui lèvent leurs têtes couronnées de neige, au-dessus de l'étroit ravin, au pied duquel l'auberge est située, je jetai un regard en arrière. Aujourd'hui je ne puis résister au plaisir de décrire le spectacle qui s'offrit à moi.

Le jour venait de paraître, les sombres nuages qui couvraient l'orient s'entrouvraient et semblaient annoncer que quelque puissant souverain allait monter sur le trône de l'Univers; une lumière blanche et brillante éclairait les pics argentés de plusieurs montagnes, tandis que les parties inférieures étaient encore enveloppées d'une ombre épaisse.

L'espace découvert qui entourait l'auberge laissait pénétrer la lumière, et les murs, les fenêtres et le toit aigu de la maison se dessinaient nettement sur la neige ; le brouillard de la nuit reposait encore sur le sein des lacs environnants.

Après quelques moments de repos nous nous remîmes en route, tantôt nous glissant le long d'une crête de rocher, tantôt traversant une nappe de neige, quand tout à coup le soleil apparut dans tout son éclat, comme la face d'un tendre ami dont la présence répand un charme sur tout ce qui nous entoure.

Le chamois est une espèce de chèvre, et ressemble d'une manière frappante à cet animal, mais il a le poil ras comme le cerf, et d'une couleur brune foncée pendant l'hiver, s'éclaircissant à mesure que la saison avance.

Les chamois vivent par petits troupeaux, et sont d'une activité inexprimable. Ils habitent des rochers et des lieux inaccessibles à tout autre animal, et s'élancent d'une hauteur de vingt et même de trente pieds pour venir se reposer sur une rampe de quelque pouces de largeur.

En observant leur construction, on est convaincu que le mécanisme de leurs membres facilite pour eux ces sauts prodigieux, car ils ont les jambes de derrière plus longues que celles de devant, et peuvent se replier de façon à amortir la force de leur chute. Leurs yeux sont d'une beauté célèbre, ronds et brillants comme ceux de la gazelle; la tête est petite, délicatement formée et garnie de deux cornes noirâtres longues d'environ six pouces et recourbées à l'extrémité; elles sortent du front, entre les deux yeux; les oreilles sont près des cornes, et de chaque côté de la face il y a deux raies noires qui tranchent avec la couleur claire du reste.

Ne pouvant supporter la chaleur des vallées, à peine le soleil de l'été commence-t-il à faire fondre les neiges et tomber les avalanches, que le chamois se retire dans les éternels glaciers, et cherche un abri au fond des roches caverneuses. Il en sort le matin et le soir, pour aller paître, et se repose à midi. Son agilité est si grande qu'il ne craint pas les chiens. Il monte et descend par une marche oblique et a toujours l'œil et l'oreille aux aguets. On prétend même que, pendant que le troupeau pait, un d'entr'eux fait sentinelle et avertit les autres de l'approche du danger. On conçoit, d'après cela, que cette chasse doive être très-pénible, et qu'il est surtout indispensable de garder le plus profond silence.

Il y avait plus de deux heures que nous marchions dans cette partie du pays où je ne crois pas qu'aucun ait posé le pied avant nous ; on eut dit le séjour même des chaos. Les monts dépouillés, à croûte de glace, étaient entassés autour de nous par terrasses superposées et leurs pics sublimes étincelaient sous l'éclat de la neige et des glaçons.

D'énormes masses de granit étaient éparses çà et là dans les ravins au pied des montagnes, comme si, dans un moment de colère, les géants se les étaient mutuellement lancées, et que trompant leurs efforts, ces roches s'étant brisées en tombant à leurs pieds eussent couverts plusieurs arpents de terre de leurs débris.

En ce moment je vis notre chasseur jeter autour de lui des regards inquiets et perçants. J'en conclus qu'il s'attendait à quelque chose ; et comme nous continuions à avancer en silence, mon oreille fut tout à coup frappée d'un bruit aigu et sifflant qui semblait partir d'une corniche de rocher à quelque distance de nous.

André nous dit tout bas :

— Les chamois !

Et se jetant à plat ventre, il nous fit signe de l'imiter. Nous suivîmes son exemple, et nous nous mîmes à ramper jusqu'à ce que nous entendîmes pour la seconde fois le sifflement, il dura à peu près le temps d'une respiration, en commençant à l'aigu et en s'abaissant vers la fin.

Nous comprîmes que le troupeau était en marche, et le vent nous étant favorable, André nous dit à voix basse :

— Messieurs êtes-vous prêts ?

— Oui, oui, répondîmes nous.

— Sur vos pieds, et...

En parlant ainsi, il dirigea le canon de sa longue carabine vers la crête du rocher où les chamois s'étaient cachés, au sein d'un peu de bruyère et de quelques broussailles. Nous le comprimes parfaitement, et, préparés en un moment, nous sautâmes sur nos jambes, et couchâmes en joue : « Pan! » un faible bêlement retentit dans le buisson, et le troupeau s'enfuit. Nous courûmes sur les lieux pour voir le résultat de notre décharge; nous avions fait une victime. Mais je n'oserais prendre sur moi de décider qui d'entre nous eut l'honneur de lui porter le coup fatal. Ce n'était certainement pas mon ami, car la balle était trop grande pour le calibre de son arme; le doute n'était qu'entre André et moi.

Les périls auxquels les chasseurs sont exposés, surtout quand il fait froid, sont très-grands. Dans le cours de la journée on nous en cita un exemple que je crois devoir rapporter ici.

Après avoir tiré encore quelques coups contre d'autres troupeaux, mais avec moins de succès, nous arrivâmes sur le soir, accablés de fatigue, à un chalet isolé.

Assurément ce lieu devait être le séjour du bonheur, car, bien que situé dans une région presque déserte, tout y présentait l'aspect de la gaîté. L'aridité naturelle du sol avait été vaincue par l'industrie humaine; devant la maison il y avait un petit jardin, et par derrière, s'étendaient quelques champs de blé. Les habitants se composaient d'un vieillard à figure patriarchale, avec ses deux fils et sa fille.

Le père nous souhaita la bien-venue et l'on nous servit tout ce que renfermait le modeste garde-manger de la chaumière.

Pendant que nous prenions notre repas, un beau chien sortit de la niche où il couchait et fixa notre attention. Il offrait quelque ressemblance avec les chiens du Mont-Saint-Bernard, mais les formes étaient plus élancées, sa tête était forte et son œil vif indiquait une grande sagacité; son corps était allongé comme celui du lévrier; il avait les membres solides, la poitrine large et bien faite; un poil jadis noir, qui commençait à grisonner.

Ses premiers hommages furent pour notre gibier; après avoir flairé le chamois, il s'approcha poliment de nous, en secouant la queue, et se frotta la tête contre nos mains. Je lui caressai le large front et je demandai à notre hôte comment il s'appelait :

— Saint-François!

— Comment! m'écriai-je, avez-vous coutume de donner à vos chiens des noms de saints?

— Que le ciel nous en préserve, Monsieur, répondit cet homme vénérable; c'est moins son nom que celui du jour.

— De quel jour?

— De celui de Saint-François.

— Et de quel événement ce jour vous rappelle-t'il le souvenir?

— D'un événement que je n'oublierai jamais, Monsieur, dit le vieillard d'un air solennel, et pour lequel Saint-François mérite ma reconnaissance et celle de tous les miens.

Ici le chien qui semblait comprendre ce que disait son maître, leva les yeux vers celui-ci qui le caressa tendrement.

— Oui, continua-t-il, en s'adressant au chien, oui, mon vieux serviteur, il y a maintenant huit ans, tu n'en avais alors que deux, quand un jour j'allais chasser le chamois dans la montagne du voisinage.

« J'étais tout seul, Messieurs, car vous savez que les chiens ne sont d'aucun service dans cette chasse ; ils nuiraient plutôt au succès, car ils ne pourraient qu'effrayer les chamois sans qu'il leur fut possible de les atteindre.

« Je laissai donc mon fidèle chien à la maison, et mes fils, étant allés au village, ne savaient pas que j'eusse l'intention de me mettre en campagne. Mais après une forte neige, le temps s'était fixé au beau, je jugeai qu'il était probable que je rencontrerais un troupeau et que je pourrais faire peut-être une bonne chasse. Je passai donc ma carabine en bandouillère, je chaussai mes souliers à clous pointus pour pouvoir marcher en sûreté sur la glace, et prenant en main mon long bâton ferré, je partis : C'était le jour de Saint-François.

« Une triste solitude régnait autour de ma demeure. La neige était fort épaisse, et j'étais forcé, à

mesure que j'avançais, de tàter mon chemin à l'aide
de mon bàton. Je reconnus sur la neige plusieurs
endroits où les chamois avaient passé et avaient
fouillé pour trouver de l'herbe. Je vis les traces de
leurs pieds, mais je ne rencontrai pas un seul animal
auquel je pusse adresser un coup de fusil. J'attendis
longtemps dans une fente de rocher où j'étais presque certain que le troupeau passerait, pourvu qu'il
se trouvàt dans les montagnes.

« En effet, sur le soir j'entendis le craquement de
la neige glacé sous les pieds des animaux.

« Le cou tendu, je les guettais, et bientôt je les vis
approcher; deux màles marchaient en tète, suivi
d'un troupeau considérable.

« Quand je jugeai qu'ils étaient arrivés à la portée
de fusil je làchai mon coup, et dès que la fumée se fut
dissipée, tous avaient disparu; mais à mon grand
étonnement, aucun n'était tombé.

« Toutefois, en examinant la neige, je distinguai
quelques traces de sang qui me prouvèrent qu'il y
avait au moins un chamois de blessé.

« Je chargeai de nouveau et en suivant la trace,
je vis le troupeau se retirant par dessus la montagne; un d'eux demeurait en arrière, il boitait; c'é-
tait certainement celui que j'avais touché. Je me mis

à courir, l'animal s'efforçait de rejoindre ses compagnons, mais ne pouvait y parvenir. Quant à moi, dans l'ardeur de la poursuite, j'oubliai toute ma prudence; m'étant arrêté un moment, je visai, je tirai, le chamois tomba... mais grand Dieu! quel fut mon effroi lorsque je me sentis enfoncer dans la neige.

« Mon fusil s'échappa de mes mains; je voulus me retenir à la branche de sapin qui s'avançait en travers de l'abîme, elle se cassa sous le poids de mon corps et tomba sur moi; je fus lancé dans le vague, un étourdissement me saisit, je reçus un coup en arrivant en bas, et je perdis connaissance.

« Ce fut sans doute le froid qui me rappela à moi-même. Quand je repris l'usage de mes sens, la neige tombait avec force, j'en avais jusqu'aux genoux et mes cheveux en étaient couvert. Je ne pourrai jamais oublier la sensation que j'éprouvai en ce moment.

« A trente pieds au-dessus de ma tête, je voyais la glace unie et verte.

« Hélas! je n'en pouvais donc plus douter, j'étais tombé dans la fente d'un glacier et je n'avais aucun espoir d'être secouru; mon fusil était à côté de moi, j'essayai de le charger et de le tirer, espérant que le bruit attirerait peut-être quelqu'un de ce côté, mais la poudre était mouillée et ne voulut pas s'enflammer, tandis que la neige qui ne cessait de tomber, menaçait de m'ensevelir et ne me laissait entrevoir d'autre terme à ma souffrance que la mort.

« Jugez, d'après cela, de ma joie, quand la voix retentissante de mon brave chien pénétra dans ma prison glacée. Il avait suivi mes traces dans la neige, et était allé à ma recherche, accompagné de mes fils que mon absence inquiétait.

« On me souleva à l'aide de cordes, et je me pâmai de joie en me retrouvant au milieu d'eux.

« C'est en souvenir de ce jour que nous avons donné au chien le nom de Saint-François. »

Cet intéressant récit achevé, nous prîmes congé du vieillard, nous félicitant d'avoir échappé aux dangers d'une chasse aux chamois dans le Grimsel.

UNE

CHASSE AUX SANGLIERS

CHASSE AUX SANGLIERS

———

C'était par une soirée de septembre; une soirée des plaines de la Beauce, brûlante et sèche, et pour tous autres que les habitants du pays, suffocante et intolérable. Et s'il passe dans ces champs après la moisson, le voyageur qui a parcouru le levant y croit revoir les sables déserts de l'Arabie, et craint que, du midi, le simoun d'Afrique ne s'échappe encore pour faire courber sa tête.

Deux forêts s'étendaient gigantesques sur l'infini des plaines, et semblaient être les ombres de cet immense tableau ; elles n'étaient séparées, à leurs pointes, que par un champ de cent pas de largeur.

A cet endroit étaient assis deux chasseurs sur une touffe de bruyère, à la lisière de la forêt, qui pour eux se trouvait au midi, et dont le taillis leur procurait de l'ombre.

L'un d'eux, fils du sol qu'il foulait à ses pieds, eut pu, comme une partie des habitants qui le cultivent, représenter le type des Gaulois, leurs ancêtres, chasseurs des forêts druidiques que, pour toujours et depuis longtemps, la cognée du bûcheron a jetées par terre. Aussi le soleil a-t-il bruni les cheveux blonds de la race ; mais, s'il a rendu plus foncée la teinte d'azur des yeux de leurs pères, il n'a pu l'enlever entièrement en eux.

A ces exceptions près, le jeune chasseur était bien un digne représentant de la race des antiques Carnutes.

Sa taille de cinq pieds six pouces était parfaitement prise, quoique mince, et ses membres bien attachés, dénotaient en même temps la force et l'agileté ; sa figure brunie par le soleil, semblait presque efféminée, tant les traits en étaient réguliers ; ajoutez des sourcils noirs et arqués, et des cheveux qui, longs et incultes, flottaient sur ses épaules; sa physionomie était douce et froide comme celle de tous ceux qui ont conscience de leurs forces.

Du reste il était vêtu d'un pantalon et d'une veste de toile, et chaussé d'une paire de brodequins. Son attirail de chasse se composait d'un carnier de fil, d'un coutelas et d'un énorme fusil double, de trois pieds et demi de canon, au calibre proportionné.

Son compagnon était la contre-partie du portrait que nous venons d'esquisser. C'était un parisien, mais un parisien de race choisie.

Il était de très-petite taille, mais bien fait, sa figure était jolie, sa peau fine, ses yeux noirs, et ses cheveux blonds artistement frisés s'échappaient en touffes soyeuses d'un chapeau de latanier. Sa physionomie était pleine d'expression et de mobilité.

Il était vêtu exactement selon le modèle de costumes de chasse donné dans le *Journal des Modes,* en l'an de grâce 1866, et le fusil à garniture d'argent qu'il avait à sa main, soigneusement gantée, était aussi léger qu'il était orné.

— Mon cher Paul, dit ce dernier à son ami, vas-tu encore me laisser longtemps dans cette fournaise? Je crois vraiment que l'air de la forêt est encore plus étouffant que celui de la plaine; tiens regarde comme la chaleur m'a gercé la figure.

— Eh! mon pauvre Camille, je t'ai promis du gibier, mais non pas toutes tes aises, libre à toi, du reste, de prendre celle d'aller te rafraîchir au soleil, comme tu parais le désirer. Aussi c'est ta faute : je voulais te mener chasser sur les bords du Loir; là du moins tu n'aurais pas souffert autant du chaud. Mais qui diable pourrait avoir raison d'un Parisien qui croit pouvoir tout braver quand une fois il a reçu avec grâce le feu d'un pistolet dans cette espèce de jardin que tu appelles le bois de Boulogne; et te voilà maintenant tout démoralisé pour avoir chassé la perdrix pendant quatre ou cinq heures, et pourtant tout à l'heure il te faudra tirer mieux que des cailles. En attendant, buvons un coup.

Et tirant de son carnier une gourde aplatie, avant la fin de sa croissance, entre deux planches, et qui, par conséquent, tenait peu de place, il la déboucha et l'offrit à son ami.

Celui-ci eut à peine goûté de son contenu, qu'il l'éloigna aussitôt de ses lèvres.

— Pouah! que c'est chaud et mauvais.

— Bois malgré cela : d'ici à trois heures tu ne trouveras pas d'autres rafraîchissements.

— Tu appelles cela un rafraîchissement, toi, du vin blanc chauffé et ballotté depuis ce matin, tu n'es vraiment pas délicat ?

Cependant la fatigue l'emportant sur le dégoût, il avala quelques gorgées en faisant la grimace.

— Quand on n'a pas ce que l'on aime il faut aimer ce que l'on a ; et ce disant, Paul ingurgitait la plus grande partie du liquide. J'ai envoyé, reprit-il, les gardes au bois ce matin, je veux être pendu si nous en voyons un de toute la journée. Je parie qu'ils se seront endormis au fond de quelque fossé. Que le diable emporte tous ces fainéans-là. Être sur la lisière d'un bois, avec des chiens couchants sur ses talons, comme c'est amusant !

Et il allait par forme de péroraison s'étendre sur une touffe de bruyère, quand son chien, beau griffon de la plus haute taille, se mit le nez au vent et gronda sourdement.

— Qu'est-ce que c'est que cela, Nemrod ? allons, ma bonne bête, cherche !

Mais le chien ne bougea point ; il fit seulement entendre un aboiement étouffé que celui de l'autre chasseur répéta.

— Le père La Ramée nous amène un renard ; c'est sûr, le vieux madré est bien capable de nous le faire passer aux jambes; il sait que nous sommes ici et veut te faire tuer la bête afin de saigner ta bourse.

— A quoi vois-tu cela?

— Je ne vois pas du tout cela, mais j'en devine une partie; et quant au reste, ce qu'il y a de certain, c'est que mes gardes et leurs chiens mènent un gibier quelconque. Nemrod entend fort bien, et avant cinq minutes tu entendras toi-même.

Effectivement, les deux chasseurs ouïrent bientôt de faibles aboiements de chiens, puis le bruit devint plus fort et permit à Paul d'en distinguer les sons; alors sa figure s'illumina d'espoir et d'anxiété, il se jeta l'oreille contre terre afin de mieux entendre.

— Un loup, un loup, un sanglier peut-être, qu'en dis-tu, mon brave chien?

Et le chien, la queue basse, poussa un long aboiement.

— C'est bien, c'est bien; à présent, tais-toi, ou...

Et la menaçante crosse de fusil envoya tout tremblant le pauvre chien se coucher au pied d'un taillis. Paul, lui, écouta de nouveau :

— C'est un sanglier! mordioux, Camille, entends-tu quels hurlements? oh! c'est un sanglier, et même un vieux, un vieux routier, entends-tu?

— Parbleu, j'entends des chiens aboyer, pas davantage.

Paul s'était relevé rapidement, et les premières bourres de son fusil enlevées, avaient laissé le plomb couler à terre pour faire place à des balles que sa baguette de fer enfonçait à coups redoublés.

Camille alors se disposa à imiter son camarade.

— Non pas, non pas, laisse le plomb; des balles par dessus, sortant d'un fusil excellent pour chasser des puces: elles seront bien inoffensives sur la vieille couenne qui les recevra, mais ton plomb pourra aveugler la bête.

Il tira ensuite une laisse de sa carnassière et attacha les deux chiens au pied d'une cépée, les menaçant pour les empêcher d'aboyer.

— Et pourquoi attacher les chiens?

— Parce que Nemrod irait se faire éventrer du premier coup, et que Slatonne se jetterait dans nos jambes; or il nous faudra tout à l'heure avoir le pied aussi sûr que l'œil, camarade.

Ce disant, Paul ouvrit la crosse de son fusil, il en tira une forte baïonnette cambrée pour pouvoir suivre la courbure de la crosse qui lui servait d'étui, et l'ajusta aux bouts de ses canons. Puis il ressera le baudrier de son coutelas.

— Mon cher Camille, écoute-moi, maintenant; nous allons avoir affaire à une bête brave et dangereuse, promets-moi de ne pas faire la folie de te jeter à sa rencontre. Il faut suivre mes avis, d'autant mieux que malgré sa bravoure, avec une arme aussi inutile que la tienne, et quelles que soient ses forces et son expérience, un chasseur ne tiendrait pas vingt secondes. Écoute ces chiens, ils me disent qu'un homme aussi leste que vigoureux et bien armé, pourrait laisser sa peau dans un combat à la baïonnette avec le gibier qu'ils poursuivent. Si tu avais l'imprudence de te placer en vue de l'animal, je serais obligé de me jeter entre vous deux, et de mettre, les autres et moi, gratuitement dans un danger certain et inutile, c'est plus que stupide. Si tu peux être sage, nous ne courons aucun danger et la bête est à nous.

Camille, comme on le pense bien, promit tout ce que voulut son ami.

Le bruit qui avait semblé faire un quart de cercle autour de nos chasseurs, paraissait alors arriver directement à eux.

— Je savais bien que le père La Ramée nous amènerait la chasse, et puis, c'est le plus court pour le gibier qui veut gagner l'autre forêt. Attention! les voilà qui arrivent.

On entendait alors distinctement les aboiements des chiens, la voix plus lointaine des gardes, et comme des coups de hache sur les jeunes chênes.

J'ai regret de ne pas avoir de lingots, murmura Paul, qui regardait en connaisseur se pencher la tête des taillis que le sanglier entamait d'un coup de boutoir en passant.

Paul s'était posté avec son camarade derrière un groupe de vieux chênes qui se trouvait isolé à une quarantaine de pas de la lisière de la forêt. Bientôt il aperçu le monstre hérissé, l'œil en sang, qui débouchait dans la plaine et achevait sa brisée en couchant une jeune taille de son dernier coup.

— Reste-là et ne tire que quand j'aurai fait feu. Maintenant à nous deux, mon vieux, s'écria-t-il.

Et en trois sauts il s'élança au-devant de la bête; celle-ci sans se déranger se précipita sur le nouvel assaillant; mais les chiens, à la vue du maitre, s'approchèrent davantage: l'un s'élança pour lui saisir l'oreille, mais il ne rencontra que la défense de son ennemi qui, le décousant, le jeta à trois pas; après cet exploit l'animal continua sa course (qui n'avait pas été arrêté un seul instant) vers celui qui lui barrait le passage.

— Tu as la peau trop dure pour qu'on te tire à

plus de vingt pas. Toi, Camille, attention, s'écria le chasseur du plus grand sang-froid du monde.

Puis, quand il jugea l'animal à portée, il fit feu : la balle alla frapper la défense du sanglier qu'elle brisa ras la mâchoire, mais sans lui faire autre mal.

La bête s'arrêta alors; mais, plus furieuse que jamais du coup de fusil que lui tira à son tour Camille, elle se précipita plus rapide.

Quand le sanglier se trouva à dix pas de Paul, celui-ci voulut lui lâcher son second coup, mais la capsule éclata.

Il attendit alors tranquillement la bête qui s'approchait, et, quand elle fut à trois pas, d'un bond énorme il sauta à vingt pieds de côté hors la vue de l'animal. Il se disposait à changer la capsule qui n'avait pas fait feu, quand il vit Camille vouloir imiter sa manœuvre et s'avancer au-devant de la bête :

— Enfant tu vas te faire éventrer; et il s'élança.

Camille lâcha son coup à une dizaine de pas, sans autre résultat que d'aplatir sa balle sur le dos de son ennemi, qu'il voulut éviter de même que Paul, en se jetant de côté, lorsqu'il le vit tout près.

Mais, plus faibles et moins élastiques que celles de son ami, ses jambes ne purent d'un saut le dérober aux regards de son redoutable adversaire, qui se détourna pour le poursuivre et qui l'eut bientôt atteint.

D'un coup de boutoir il le jeta par terre. Par bonheur il le frappa du côté de sa défense brisée, et ne lui fit pas grand mal; mais, s'acharnant sur le malheureux, la bête allait lui ouvrir la poitrine d'un coup de la défense qui lui restait, quand tout à coup la baïonnette de Paul disparut tout entière dans son flanc. Le sanglier se retourna tout d'une pièce, et, du choc, cassa le fer qui lui resta dans la plaie.

Il tenta un dernier effort pour se venger du nouvel assaillant, mais les chiens n'avaient pas plutôt vu le chasseur se précipiter sur le sanglier, qu'ils s'étaient élancés, et les deux plus hardis l'avaient coiffé du premier élan.

— Tenez bon! mes braves, tenez bon! et, s'approchant de l'animal du côté où sa balle l'avait désarmé, il lui donna le dernier coup en lui enfonçant son coutelas jusqu'au manche, au défaut de l'épaule.

— Ah çà, Camille, modère toi, tu vas estropier mes chiens et casser ton fusil.

Dès que celui-ci avait pu se remettre debout, il n'avait pas cessé de frapper de la crosse sur les reins de la bête.

— Pourquoi diable t'amuser à épousseter ce vieux cuir, au lieu de recharger ton joujou. Honneur à toi, tu n'es pas comme lui, tu es plus brave que ta mine; mais pour le prouver, il n'était pas nécessaire de risquer à te faire couper en deux. Du reste, tu ne savais guère, je pense, à quel danger tu t'exposais.

— Au danger de me faire rouler un peu plus longtemps : il ne m'eut pas mangé, peut être; il n'est pas dans l'ordre des carnassiers que je sache.

Pour toute réponse, Paul le mena auprès du chien que le sanglier avait atteint.

— As-tu vu ce chien tomber?

— Non.

— Qui a fait cette blessure?

— La hache d'un bucheron; la plaie est horrible.

— Et cette entaille?

Il lui montrait une branche de bouleau presqu'entièrement coupée.

— La hache du bucheron, parbleu!

— C'est tout bonnement le boutoir de celui qui te roulait tout à l'heure et qui t'aurait arrangé comme le chien que tu viens de voir.

— Bah!...

— C'est absolument comme j'ai l'honneur de te le dire. La Ramée?

— Monsieur.

— Allez chez le maître Ardain, vous emprunterez un cheval et une charrette; nous veillerons sur le gibier, et nous vous attendrons ici pour profiter de la voiture. Je crois que tu en as grand besoin, mon pauvre Camille. Vous, Mariton, couplez les chiens, emmenez-les au chenil et conduisez les gardes au cabaret... Laissez-nous votre gourde, si elle n'est pas vide. Détachez Nemrod et l'autre chien, et ne vous grisez pas trop, parce que nous chassons demain au bois de la Tuerie.

Les gardes partis, nos deux amis s'étendirent sur la mousse en attendant le vieux La Ramée.

LA

CHASSE A L'OISEAU

CHASSE A L'OISEAU

Parmi les coutumes du moyen âge que nous voyons successivement revivre en France, il faut ranger la chasse aux faucons, qui, depuis longtemps, y était entièrement oubliée. D'ici à quelques années, si cette mode parvient à se généraliser, chaque grand seigneur aura sa fauconnière comme il a sa faisanderie.

Au siècle de Louis XIII, la Belgique expédiait chaque année en France une grande quantité de ces oiseaux

17

dressés pour la chasse. Aussi les gentilshommes et les princes de cette époque entretenaient-ils à grands frais les fauconniers dans les Flandres et surtout à Valhens-Weert (quartier des faucons), village situé dans la province de Limbourg, à deux lieues de Maestricht.

Aujourd'hui cette industrie se relève. Différents transports de faucons, destinés pour le **midi de la France**, ont traversé Paris depuis un an.

Ces gracieux oiseaux, dont la tête était couverte d'un chapeau rouge, surmonté d'un plumet, et dont les pattes jaunes étaient retenues par des chaines d'acier très-minces et très-flexibles, étaient escortés d'une foule de curieux qui cherchaient à deviner ce que cela signifiait.

Un fauconnier, chargé de ces transports, assurait qu'on avait pris l'hiver dernier, à Valhem-Weert, un nombre considérable de ces oiseaux, qui se vendaient soixante francs par tête.

C'est là une nouvelle branche de commerce dont beaucoup de gens ne soupçonnaient même pas l'existence.

Tout porte à croire qu'avec le goût du sport de toute sorte qui se répand en France, où l'on a fait revivre tant d'*Erbast* oubliés, la fauconnerie revivra bientôt telle qu'on la pratiquait anciennement.

Voici pour les lecteurs de ce livre quelques détails sur ce genre de chasse, encore usité aujourd'hui dans les Indes Anglaises où il n'a point cessé d'être en honneur.

Les documents que je reproduis ici, émanés de sources certaines, ne peuvent manquer d'intéresser les amateurs, aux yeux desquels ils auront d'ailleurs le mérite de l'exactitude.

La chasse au faucon, si célèbre en Europe, dans les siècles de la chevalerie, est aujourd'hui, dans l'Inde, un des divertissements les plus recherchés, non-seulement des grands seigneurs, mais encore des Anglais qui y sont établis.

Les nobles indiens sont aussi attachés à leurs faucons que les chasseurs les plus déterminés de l'Angleterre le sont à leurs chiens.

Ces oiseaux se divisent ici en deux classes, savoir : Les « goulali-chushm », qui sont, selon moi, ceux que l'on appelle en Angleterre, faucons à courtes ailes, ou, comme disent les ouvrages spécialement consacrés a cette chasse, faucons du poing, et les « siah-chusm », qui sont les faucons à longues ailes ou faucons de la ligne d'Europe.

Les premiers ne s'éloignent guère de plus de cent cinquante toises; on ne leur met jamais de capuchons dans ce pays, si ce n'est pendant qu'on les dresse; on les tient sur la main droite et on leur permet de regarder autour d'eux pour chercher leur proie. Ce sont les oiseaux les plus coûteux, soit pour le prix d'achat, soit pour la dépense qu'exige le soin de les dresser et de les tenir.

En revanche, ce sont ceux qui vivent le plus long-temps dans l'état domestique, si je puis me servir de ce terme; et s'ils sont difficiles à dresser, une fois qu'on y est parvenu, ils sortent de leur mue et prennent leur vol sans donner le moindre embarras.

Il n'en est pas de même du faucon à longues ailes.

Du reste, les premiers sont de trois espèces : le « Baz », le « Basha » et le « Shikra »; le premier est, je crois, l'Autour, et le troisième l'Epervier; quant au « Basha », je ne connais par son équivalent parmi les oiseaux européens.

Il faut, en outre, remarquer que ces noms sont ceux des femelles, parmi lesquels il est d'usage de les indiquer dans l'Inde.

Le « Baz » et son mâle le « Soura » sont apportés des montagnes Nedgeisses. On les achète au commencement de la saison froide, dans un lieu appelé Belleri-Mundi, au pied de la chaîne la plus basse des collines de Pillibyte.

Le prix varie selon l'âge des oiseaux, leur état et le plus ou le moins de chalands.

S'ils sont ce que les Indiens appellent « chouj », c'est-à-dire de la première année, s'ils n'ont point encore mué, si leurs plumes sont parfaites et s'ils se montrent frais et vifs, ils valent : les femelles, de quarante à soixante-dix roupies chaque, et les mâles, de vingt-cinq à quarante ; mais s'ils ont mué ou si leurs plumes ont été endommagés dans le filet où on les a pris, on peut les avoir à beaucoup meilleur marché.

Aussitôt qu'on prend un faucon on le scelle, c'est-à-dire que l'on passe un fil à travers le bord inférieur de la peau de la paupière inférieure. Ces fils sont ramenés par dessus la tête de l'animal et noués par derrière. Par ce moyen, la paupière inférieure couvre la supérieure, ce qui empêche l'oiseau de voir et de se blesser en se débattant ou en battant des ailes sur le poingt ou sur la perche.

C'est alors aussi que l'on attache les liens à ses pattes, immédiatement au dessus des serres.

Quand on tient le faucon, ces liens se tortillent

autour des doigts du fauconnier et sont noués à un long cordon qui ordinairement passe derrière son cou. Le faucon ne quitte jamais ce cordon que quand il doit voler. Ainsi disposé, on le nourrit pendant quelques jours de viande crue.

Dans les commencements on a beaucoup de peine à le faire manger. Pour y parvenir, un Indien lui présente d'une main un morceau de viande, et, de l'autre, lui pince les pattes.

L'oiseau, irrité par la douleur, donne des coups de bec à l'homme et saisit par ce mouvement, sans le vouloir, la viande que souvent il avale. Quand il en a pris ainsi un peu, on lui permet de se vider l'estomac; et en répétant cette manœuvre pendant deux ou trois jours, on finit par lui faire désirer de la nourriture, et il mange alors avec avidité,

Peu de temps après que le faucon est pris, on lui met le capuchon, qui est fait de peau de daim, douce, mais épaisse, et serrant parfaitement la tête de l'oiseau.

Quand le faucon prend sa nourriture sans difficulté, le fauconnier commence à l'accoutumer à la lumière. Ses yeux sont descellés et l'on perce dans le capuchon un petit trou que l'on élargit chaque jour, jusqu'à ce que l'oiseau regarde autour de lui sans frayeur et sans battre des ailes. Le trou devient toujours de plus en plus grand et bientôt il ne reste presque plus rien du capuchon.

Le faucon voit alors sa pâture, qu'il prend deux fois par jour, à huit heures du matin et à trois heures de l'après-midi et sans plus témoigner aucune frayeur.

Pendant toute cette préparation, qui dure moins d'un mois, le faucon est caressé, on lui frotte doucement les plumes et on lui parle avec amitié pour l'accoutumer au son de la voix de l'homme ; on le porte dans les bazars et autres lieux fréquentés, jusqu'à ce qu'il n'éprouve plus aucune inquiétude à la vue d'une réunion de personnes.

Quand le dressage est parvenu à ce point, on enlève tout à fait ce qui reste du capuchon ; on pose le faucon par terre, et on lui montre sa pâture sur la main ou sur une perche, afin qu'il y vole de lui-même.

La distance entre l'oiseau et la pâture est augmentée par dégrés, et au bout de six semaines, l'oiseau volera d'ordinaire à quelque distance que ce soit, pourvu qu'il puisse entendre la voix de son gardien ou voir l'appât.

A l'heure de la pature, le fauconnier appelle l'oi-

seau à haute voix, mais ne lui donne rien, tant qu'il
n'a pas répondu à son appel.

L'appât dont on se sert pour le faucon à courtes
ailes est d'ordinaire un pigeon ou un poulet mort,
qui se balance au-dessus de la tête du fauconnier et
que l'on permet au faucon de saisir, en restant assis
dessus pendant qu'il mange. La pâture est placée
sous l'aile de l'oiseau d'appât, afin que le faucon
croie qu'elle fait partie de sa chair.

Quand le faucon répond parfaitement à la voix et
à l'appât, lorsqu'il arrive sans crainte à la main et
qu'il mange avec avidité, on lui donne le premier
« baouli » ou oiseau vivant.

Le faucon est porté par un aide à une distance
d'environ cent cinquante toise ou même plus loin;
le « baouli », qui est d'ordinaire un poulet vivant, se
balance dans l'air, et quand l'oiseau s'approche du
fauconnier, on lance le poulet aussi haut que l'on
peut, ce qui apprend au faucon à voler à sa proie.
S'il saisit le « baouli » avec hardiesse, s'il le tient bien,
s'il le becquète et le déchire avidement, malgré tout
les efforts du poulet pour se délivrer, on peut augurer
favorablement de sa race et de son dressage ; mais
s'il s'effarouche, s'il se retire, s'il refuse de frapper,
il n'a pas encore été assez dressé, ou ne l'est pas bien,

On donne ainsi trois « baoulis » de poulets au faucon, à deux jours d'intervalle, et on lui permet de s'en repaitre. Dans le jour intermédiaire, on le purge et on aiguise son appétit par des stimulants.

Le quatrième « baouli » est une perdrix à laquelle on a arraché quelques plumes pour l'empêcher de voler trop vite. On le met d'ordinaire dans les mains d'un aide, qui s'assied par terre et se cache derrière les broussailles.

Le fauconnier, tenant le faucon à la main, le cordon étant coupé et les liens flottant librement entre ses doigts, s'avance vers les buissons que deux ou trois hommes battent ou bien que des épagneuls parcourent comme ils le feraient un jour de chasse.

Quand il n'en est plus qu'à quelques pas, l'aide lance la perdrix dans l'air; le faucon la suit naturellement et la saisit presque toujours. On lui permet de s'en rassasier, en lui donnant d'abord le cœur et les parties délicates.

Trois perdrix données à un faucon, déjà soigneusement dressé, et à des intervalles convenables, le préparent pleinement pour la chasse.

La seule précaution qu'il faille prendre, la première fois qu'on le fait voler contre une perdrix sauvage, est de choisir une campagne ouverte, ou

il n'y ait que quelques buissons clair-semés, afin de
donner au faucon le plus de chances possibles en sa
faveur.

Le gibier que l'on chasse avec le faucon à courtes
ailes est la perdrix, le canard sauvage, l'oie sauvage, le paon, le « coulung » ou grue, et quelquefois,
mais rarement, le lièvre.

Le mâle tue aussi des corneilles, des pluviers, des
courlis, et, en général, tout le gibier contre lequel
le fauconnier juge convenable de l'envoyer.

L'oiseau appelé « floriku » est une belle chasse, mais
la plus divertissante de toute est celle de la perdrix
noire. Cet oiseau s'élève très-haut, et le faucon vole
sous lui en augmentant de vitesse à mesure que la
perdrix approche de terre.

Quand les deux oiseaux se trouvent sur la même
ligne, le faucon s'élève tout à coup perpendiculaire-
ment et saisit sa proie en l'air.

Quand on veut chasser le lièvre, on culotte le
faucon, c'est-à-dire qu'on lui passe d'une jambe à
l'autre une large pièce de cuir, que l'on attache près
du genou avec des boutons. Ceci empêche que les
jambes ne s'écartent; ce qui, sans cela, aurait lieu
avec tant de force, que l'oiseau en pourrait être grièvement blessé; car le faucon ne manque jamais de

serrer d'une de ses pattes le dos du lièvre. Alors celui-ci se met à courir et entraîne l'oiseau avec lui ;
mais le faucon s'efforce de saisir une branche ou un
brin d'herbe, afin d'arrêter la course de l'animal.

On peut tuer huit ou neuf perdrix dans un jour
avec le même faucon, mâle et femelle.

Un chasseur des districts de Muzu-Turnager et de
Suhar-Unpour, a tué, depuis le mois d'octobre jusqu'au mois de mai, 297 couples de perdrix, avec des
faucons.

Le meilleur moment pour faire voler les faucons
est dans la saison froide de novembre à mars, le matin, depuis l'heure où les perdrix commencent à appe-
ler jusqu'à ce que le soleil soit élevé sur l'horizon, et,
quand il fait chaud, depuis le point du jour jusqu'a-
près le lever du soleil. Le soir n'est pas défavo-
rable, mais ne saurait se comparer au matin.

Le 1er avril, on fait bien d'envoyer le faucon en
cage pour muer ; il sera alors en état de voler le
15 octobre et chassera bien jusqu'à la fin de mars.

J'ai peu de chose à dire des autres espèces de faucons à courtes ailes.

Le « sikra » sert principalement pour chasser la
caille et d'autres petits oiseaux.

On lave la pâture du faucon à courtes ailes seulement avec de l'eau fraîche, pour en ôter le sang. La meilleure pâture se compose de moineaux; mais on y substitue quelquefois des perroquets, des perdrix et autres petits oiseaux.

CHASSEUR D'OURS

J'ai eu, depuis longues années, grand plaisir à me
lier avec des chasseurs de tous les pays et l'un d'eux,
un charmant garçon, soit dit en passant, m'a adressé
certain jour ce souvenir de l'une de ses excursions
en Russie.

« C'était au mois de mai 1862, je me trouvais dans
le gouvernement de Jarosslaff, un des plus beaux et
des plus riches de la Russie : il rappelle les sites et

les eaux de la Touraine. Sa capitale, Jarosslaff, est bàtie sur des hauteurs et baignée par les eaux du Volga, qui coule à ses pieds; ces eaux sont rapides et en font un séjour ravissant.

« Le gouverneur était alors le général Poltaratzki, un des vieux généraux d'Alexandre, plein de savoir et d'esprit. Il occupait depuis longtemps ce poste important, était utile et fort aimé.

« Le général Poltaratzki affectionnait les Français. A mon arrivée, je lui portai une lettre de recommandation d'un de ses amis de Pétersbourg, et il m'invita pour le soir même à une de ses jolies réunions. J'y fis vite la connaissance de quelques personnes distinguées : car, quoi qu'aient dit certains écrivains, la Russie est un pays où nous sommes tout de suite recherchés.

« Madame Poltaratzki possédait un esprit supérieur, fin; elle était l'âme de cette charmante soirée. Son fils Boris, qui n'était alors qu'un tout jeune homme, mais qui promettait d'être ce qu'il est devenu, un des plus braves et des plus élégants officiers de cette belle garde impériale qui est un des corps les mieux organisés de l'Europe, secondait sa mère de son mieux.

« Je m'approchai d'un groupe où l'on causait de

chasse; un seigneur des environs y citait les prouesses
d'un de ses paysans, et il racontait des choses tellement extraordinaires sur sa force et son adresse,
que les plus habiles refusaient d'y croire. M. de
Soyendorff, piqué au vif de voir que ses auditeurs dou-
taient de l'exactitude de ce qu'il disait, voulut en
donner une prevue convaincante : il nous invita tous
à venir passer quelques jours dans ses terres et assister à une des chasses de son vaillant Alexis.

On accepta, on prit rendez-vous pour le lendemain
matin; on se sépara de bonne heure, pour se préparer à cette excursion.

Au petit jour, je fus réveillé par M. de Platers, un
des plus intrépides, qui me donnait une place dans
son équipage. Une heure après, nous étions tous
réunis.

Notre course fut des plus rapides, car en trois
heures les mêmes chevaux, allant toujours au galop,
avaient franchi un espace de cinquante verstes
(environ douze lieues), et nous arrêtaient devant la
propriété de notre hôte, jolie maison bâtie à la fran-
çaise, dont il nous fit les honneurs de la manière la
plus gracieuse.

« Alexis, prévenu de notre arrivée, ne tarda pas à
se présenter.

18*

« Nous fûmes tous saisis d'admiration à son aspect; pour ma part, j'avoue que je fus étonné, car je n'avais jamais vu un homme de cette taille et de cette force. Il avait au moins six pieds; ses larges épaules, ses bras longs, mais bien proportionnés, sa taille souple et élancée, ses jambes robustes et nerveuses, en faisaient une nature exceptionnelle.

« Sa figure n'offrait rien de particulier; seulement à l'éclat de ses grands yeux noirs il était facile de deviner qu'à la force du corps cet homme joignait une force de volonté encore plus grande. — Son maître lui fit connaître le sujet de la conversation de la veille et nos doutes.

« Après avoir écouté, il répondit qu'avant trois jours nous serions satisfaits; car, disait-il dans son langage spécial, il lui fallait trouver un adversaire digne de quelques efforts sérieux.

« Plus heureux que nous ne le présumions, le soir même il revint de son excursion : il avait découvert un antre habité par un de ces redoutables animaux. Les ours sont très-communs dans cette partie de la Russie; il n'est pas rare d'en rencontrer même sur les routes.

« Nous nous armâmes immédiatement, car la distance que nous avions à parcourir était assez longue et les chemins très-mauvais; nous partîmes dans la nuit pour arriver à l'endroit indiqué avant le jour.

« Nous avions tous un bon fusil à deux coups en cas d'accident; une forte ceinture nous entourait la taille, et de grandes bottes montant au-dessus du genou terminaient l'accoutrement. Quant à notre héros, son costume méritait vraiment d'être décrit.

« Enveloppé de la tête aux pieds par une de ces longues redingotes en peau de mouton qu'on appelle en Russie « chouba », sa taille était arrêtée par une grosse corde, à laquelle se trouvait suspendu un poignard d'environ quinze pouces de long, dont le bout, terminé en courbe et tranchant des deux côtés, donnait la faculté à celui qui s'en servait, d'en finir d'un seul coup avec l'animal.

« Son bras gauche était entouré depuis l'épaule jusqu'au poignet par une autre corde bien serrée, qui devait empêcher les griffes de l'ours d'atteindre les chairs; et enfin un fort gantelet de peau garni de clous dont les pointes étaient fixées en dehors entourait sa main et lui était d'un grand secours, car, l'animal ouvrant la gueule pour le mordre, il le lui enfonçait de toute sa force, et la douleur qu'il éprou-

vait devenait tellement violente, que la bête ne tar-
dait pas à tomber.

« Il portait avec lui une longue liane faite avec un
espèce de jonc très-commun danc le pays, laquelle,
bien confectionnée, est infiniment supérieure en
force et en souplesse à nos meilleures cordes de chan-
vre : sa longueur, d'au moins vingt-cinq pieds, était
terminée à l'une des extrémités par un fort nœud
coulant.

« On verra bientôt combien cette liane lui était
utile.

« Une téléga — voiture du pays — attelée de deux
bons chevaux portait nos provisions de bouche. Nous
partimes ; le silence était fort recommandé : c'était
le mot d'ordre, car avant tout il fallait éviter de trop
éveiller l'attention des bêtes fauves qui se trouve-
raient sur notre route.

« Après une grande heure de marche au milieu
de marais où nous enfoncions jusqu'aux genoux, nous
atteignîmes les bois, ce qui nous permit d'accélérer
notre course. Alexis marchait en avant, ne suivant
dans l'obscurité que son instinct de chasseur et son
expérience.

« Enfin après plusieurs marches et contre-marches,
nous arrivâmes dans une clairière entourée de tous

côtés d'excavations profondes, gîtes ordinaires des ours en ce pays,

« Quand tout notre monde fut rassemblé, nous résolûmes d'attendre le jour à l'endroit où nous nous trouvions, dans la crainte d'éloigner notre ennemi, qui devait se trouver dans les environs.

« Le jour ne tarda pas à paraître, et nous pûmes reconnaître à peu près les objets qui nous environnaient.

« A deux cents pas de nous se trouvait un bouquet d'arbres, et au pied un large trou recouvert en partie par des branches mortes et de la mousse. Notre chasseur reconnut aussitôt que l'animal était là; en conséquence, il fit plusieurs fois le tour de la clairière, prit bien connaissance des environs, et revint préparer l'attaque.

« Il réfléchit quelques instants; puis avisant à une quinzaine de pas de l'antre un arbre de moyenne grosseur, il y fixa sa corde par le bout opposé au nœud coulant.

« Revenant alors sur ses pas, il arma sa carabine. S'avançant avec précaution, il envoya ses deux balles dans le trou, pour effrayer la bête et la faire sortir. Il y réussit, car, lorsque la détonation se fit entendre, nous vîmes apparaître la tête énorme de notre ennemi. Nous fûmes frappés de sa grosseur. Nous reconnûmes que nous avions affaire à l'espèce appelée mangeurs de blé, c'est-à-dire la plus vigoureuse de toutes celles qui habitent la Russie.

« Sa force est prodigieuse et son agilité extrême; c'est le plus redoutable des ours et le plus difficile à combattre. Alexis, s'avançant alors vers lui, tâcha de l'attirer hors de son trou, en lui jetant des pierres.

« L'ours fut longtemps à se décider; mais ennuyé de voir avec quelle persistance on ne cessait de le provoquer, il fit un effort sur lui-même et se présenta dans toute la plénitude de son corps.

« Notre chasseur nous recommanda alors l'immobilité et le silence : sans cela, disait-il, je ne réponds de rien. Allant à la rencontre de l'animal, il fit si bien qu'il l'attira du côté de l'arbre où sa corde se trouvait attachée.

« Ayant pris le nœud de la main droite, il attendit son adversaire de pied ferme. Celui-ci, dont les yeux n'avaient pas quitté un seul moment Alexis, arrivait en droite ligne sur lui; mais le voyant s'arrêter et se doutant de quelque piége, il n'osa pas s'approcher davantage.

« S'asseyant sur ses pattes de derrière, il fit mine

de vouloir rétrograder; force fut donc à notre chasseur de marcher à sa rencontre; heureusement ayant une assez grande longueur de corde à sa disposition, il put avancer librement.

« L'ours, se dressant de toute sa hauteur et écartant ses longues pattes comme pour le saisir, fit un bond énorme et vint tomber à ses pieds.

« Alexis, habitué à triompher de ces manœuvres, évita le coup en se rejetant en arrière, et comme l'animal reprenait son élan, il s'élança sur lui à son retour, et en même temps que de la main droite il venait de l'enlacer fermement dans son terrible nœud coulant, de la gauche il lui, assénait sur le museau un vigoureux coup de son gantelet pour le forcer à reculer et assurer l'efficacité du nœud.

« Reculant en sens opposé à la corde, il commença avec une dextérité merveilleuse à tourner autour de lui, tout en l'évitant, et de temps en temps en le hachant de son poignard. L'ours ne tarda pas à ressentir les affreuses douleurs de la strangulation, et plusieurs fois il fit des efforts terribles pour briser la corde.

« Excité comme il l'était, la lutte ne pouvait être de longue durée. Effectivement, après quelques minutes de sauts et soubresauts, il tomba comme une masse, étouffé, les jambes crispées et le sang dans les yeux. Alexis l'acheva d'un coup de son poignard, et tout fut dit.

« Nous étions immobiles ; une telle intrépidité surpassait ce que nous avions vu jusque-là.

« J'ajouterai que le drame n'était pas terminé, et une nouvelle lutte cent fois plus terrible que celle que nous venions de voir, allait s'engager.

« A peine étions-nous rassemblés autour du vainqueur qu'un cri affreux se fit entendre.

« Nous nous retournâmes spontanément et nous aperçûmes à quelque distance de nous un autre ours, la femelle de la victime, qui, ayant entendu les rugissements de son mâle, arrivait à son secours.

Elle était magnifique d'horreur ; l'œil enflammé, la gueule béante, le poil hérissé, elle ressemblait à une hyène pantelante.

« Alexis vit aussitôt le danger qui nous menaçait, car tout d'abord les premières balles ne repoussent pas de tels animaux, surtout lorsque la visée est si brusque et si peu précise.

« Il se plaça devant nous et nous dit de faire quelques pas en arrière, en ajoutant : « Quoi qu'il arrive, ne tirez pas. » En effet, il allait lutter corps à corps avec l'animal, et on eût pu le blesser. Nous restâmes spectateurs immobiles du drame horrible qui commençait.

« Comme Alexis était beau à voir ! Comme l'héroïsme du vrai chasseur se révélait bien en lui ! Pâle de surprise, non d'effroi, ses grands yeux jetaient des éclairs ; peut-être lui-même n'avait-il jamais rencontré une aussi terrible bête.

« Prompt, il s'empara d'une carabine, ajusta l'animal au défaut de l'épaule et lâcha la détente ; mais soit précipitation, soit qu'il eût mal ajusté, il ne fit que le blesser ; ce qui augmenta sa fureur.

« La première idée qui vint à Alexis, en voyant qu'il n'avait pas réussi, fut de reculer ; mais, honteux de ce léger mouvement, il s'arrêta court, et, prenant son arme par le canon, il s'avança résolument à la rencontre de l'ours et lui asséna sur la tête un coup tellement violent que la carabine éclata en morceaux.

« L'ours était étourdi, mais non abattu, et le plus difficile restait à faire.

« Ayant dans sa précipitation oublié son poignard, et voyant qu'il était impossible de reculer, il prit une résolution surhumaine, celle d'étouffer son adversaire dans ses bras.

« Baissant légèrement la tête, il profita d'un faux mouvement de la bête pour sauter dessus. Pendant quelques secondes la lutte fut affreuse ; on n'entendait que le bruit des deux respirations, et les grognements sourds de l'animal, qui labourait avec ses griffes les épaules d'Alexis, d'où les flots de sang s'échappaient aussitôt.

« Poussé par l'instinct de sa conservation et par les douleurs, il fit des efforts inouïs pour étouffer son adversaire ; mais vainement.

« Nous n'osions avancer, et nous ne pouvions que l'encourager de la voix.

« Enfin dans cette lutte acharnée, désespérée, le chasseur parvint à acculer l'animal près d'un trou, et, le renversant par le travers, il le secoua si violemment, en le pressant contre un des angles, qu'il lui rompit l'épine dorsale. Il était temps, car vainqueur et vaincu roulèrent ensemble au fond de l'excavation.

« Nous, accourus, nous eûmes toutes les peines du monde à le dégager des étreintes de son formidable adversaire, qui, quoique râlant, avait encore une grande force.

« Notre héros ne voyait ni n'entendait plus rien. Il s'affaissa et resta longtemps avant de reprendre connaissance. Nous le déshabillâmes pour arrêter le sang qui coulait à flots de toutes ses blessures. La peau de mouton dont il était couvert étant très-épaisse, les griffes de l'animal n'avaient eu qu'une prise insuffisante, et les chairs seules étaient déchirées.

« Alexis, revenu à la vie, parut confus de voir toutes les marques d'intérêt dont il était l'objet. Nous le plaçâmes sur notre voiture, car il était épuisé, hors d'état de marcher.

« Les ours, attachés sur des branches d'arbres et portés par des paysans, nous suivaient.

« A notre rentrée dans le village, tout le monde accourut. On félicita le pauvre Alexis. Nous fîmes immédiatement une collecte en sa faveur. Son seigneur, pour reconnaître sa bravoure, lui accorda ensuite sa liberté.

« J'ai appris depuis que le vaillant Alexis n'avait pas voulu quitter ses parents et ses amis, qu'il était resté dans son pays, où il continuait ses dangereux exploits, à la grande joie des habitants, qui l'avaient surnommé le Tueur d'ours. »

L'INVENTION DU REVOLVER

L'INVENTION DU REVOLVER

En véritable chasseur, je furette souvent par ci par là, pour « rechercher du neuf, n'en fût-il plus au monde. » En fait de « neuf, » j'ai trouvé une « vieille » chose; mais si nouvelle, ma foi! qu'elle vaut bien la peine de marcher en tête de toutes les autres.

Bien que certains arquebusiers de France, d'Angleterre et d'Amérique aient rajeuni l'invention du revolver et des fusils se chargeant par la culasse, il y a une vingtaine d'années, j'entends et prétends dire que cette idée n'est pas chose nouvelle. Elle remonte à l'an de grâce 1530, sous le règne de Henri VIII, roi d'Angleterre, et ce fut un habitant de Jersey qui en fut « l'ingénieur. »

Je compulsais certain matin quelques vieux parchemins achetés chez l'épicier pour revêtir des pots de confitures, lorsque je lus sur l'un d'eux certaines lignes qui frappèrent mes yeux et m'étonnèrent fort.

C'était l'histoire d'un nommé Hélier, ancien bailli de Jersey, qui se distingua au « camp du Drap d'or » en remportant le prix à l'arbalète avec une arme de son invention, à l'aide de laquelle il avait touché les deux cibles, celle de la France et celle de l'Angleterre.

De cette façon, les Anglais (car Jersey était alors, comme aujourd'hui, une île de la Grande-Bretagne) avaient été déclarés vainqueurs. Henri VIII, radieux, étouffant de joie dans son pourpoint, s'était élancé par-dessus la balustrade et avait couru à Hélier pour l'embrasser.

— Je veux que tu m'enseignes à tirer de cette arbalète, avait dit le souverain à son sujet. Désormais je t'accorde le droit de chasser dans tous mes parcs et de tuer le gibier que bon te semblera.

Or, il apprit qu'Hélier avait un procès contre un sir Hugh Waugham, gouverneur de son île, à qui il reprochait ses exactions, et qui, ne trouvant pas en lui un homme servile, prêt à le seconder dans ses pilleries, l'avait injustement dépouillé de ses fonctions. Hélier en avait appelé au roi d'Angleterre de cette sentence arbitraire. Par malheur, l'ex-bailli de Jersey avait pour ennemi le cardinal Wolsey, qui protégeait sir Hugh Waugham, et lui suscita mainte tracasserie.

Un jour, Hélier parut négliger son procès et ne plus songer qu'à un travail particulier pour lequel il s'enfermait des journées entières; ou bien encore il disparaissait au plus épais des taillis de Windsor. Pendant quatre années consécutives, Hélier vécut morose, taciturne, ne confiant à personne l'ennui qui semblait le dévorer, le chagrin qu'il éprouvait et dont il n'avouait pas la cause.

Un jour, cependant, il rentra radieux à son logis : ce n'était plus le même homme, la joie l'avait transfiguré.

Le lendemain, Hélier se rendit au tir au roi, qui fit à peine attention à lui. Il est vrai qu'à cette époque Henri VIII ne rêvait qu'à une chose, à épouser la belle Anna Boleyn, en divorçant avec Catherine d'Aragon, sa femme, tante de Charles-Quint. Par malheur, le pape refusait son consentement à l'annulation de ce mariage.

Le roi était donc de fort mauvaise humeur, car il avait reçu deux messages : l'un de Luther, qui déclarait « que le divorce était condamnable, » et l'autre de l'Université de Paris, dont l'avis était que, pour approuver la conduite du roi, il faudrait que celui-ci payàt à François Ier neuf cent mille couronnes et lui rendît un lis de diamant que le vaincu de Pavie avait laissé entre ses mains.

A cette dernière communication, Henri VIII se sentit tout guilleret et fut d'une courtoisie sans pareille avec les gentilshommes qui l'entouraient. On se mit à tirer de l'arquebuse, et quiconque atteignait le but recevait un présent de la main de Sa Majesté.

Hélier crut le moment opportun de s'approcher du monarque.

— Sire, voudriez-vous que votre sujet féal et dévoué vous apprît un coup nouveau ?

— Oh ! je le sais, c'est celui des deux flèches.

— Non point. Ce coup-là, Votre Majesté le connaît. Il s'agit d'autre chose plus extraordinaire. D'ailleurs, c'est une arquebuse et non point une arbalète que je vais présenter au roi et à la noble assemblée.

— Une arquebuse, s'écria le souverain, dont les yeux se dilatèrent et sur les lèvres de qui un sourire vint s'épanouir.

— Oui, sire! Que Votre Majesté ordonne qu'on place six buts différents et je vais lui montrer un nouveau tour que je lui dédie.

Henri VIII donna des ordres en conséquence, et quand on eut disposé six poteaux avec six cibles distinctes, Hélier s'avança, mit en joue son arquebuse, visa et fit feu. La balle avait frappé la cible nº 1. Sans abaisser son arme, l'ex-bailli de Jersey visa le second but.

— Tu oublies de recharger ton arme, lui dit le roi.

Mais le tireur, sans répondre, pressa la détente. le coup partit et le projectile pénétra dans le second carton au grand ébahissement du roi, des gentilshommes et des valets qui se tenaient près d'eux.

— Mais cela tient du miracle! exclama Henri VIII.

Le souverain de l'Angleterre n'était pas au bout de l'étonnement qu'il devait éprouver.

Sans recharger son arquebuse, Hélier pressa quatre fois encore la détente, quatre fois une détonation se fit entendre et quatre balles atteignirent le but.

L'ex-bailli de Jersey avait tout bonnement inventé le *revolver*.

Ici j'ouvre une paranthèse pour informer ceux qui hésiteraient à me croire, qu'il sera facile de lire la chronique écrite en 1585, par Samuel de Carteret, et éditée par Georges Syvret en 1832.

On y lit, à la page 47, les lignes que voici :

« Ledit Bailly avoit trouvé une invention de tirer de sa harquebuse cinq ou six traits de boulez l'un aprés l'autre et à plusieurs marques, toute d'une même charge et d'un même feu. »

Je reviens à mon histoire.

Le roi fut stupéfait. L'invention de Hélier dépassait l'arbalète aux deux traits.

— Hélier! mon ami, s'écria-t-il, tu mérites une récompense.

— La seule que je sollicite de Votre Majesté, répliqua le Jerseyen, c'est la justice qui m'est due et qui m'est déniée, grâce aux intrigues et au mauvais vouloir...

— De qui? s'écria Henri VIII. Y a-t-il donc quelqu'un qui ose désobéir à mes volontés?

— Oui, sire ; mais je ne sais si je dois nommer...

— Nomme l'audacieux, quel est-il ?

— C'est... c'est le cardinal Wolsey !

Le roi hésita quelques instants ; Hélier se mit à trembler de tous ses membres. Henri VIII prit alors la parole, et regardant son sujet en face, lui dit lentement ces paroles :

— As-tu du cœur ?

Hélier ne savait que dire.

— Eh bien, oui, as-tu du cœur ? Dans ce cas, va trouver le cardinal en plein conseil, — je t'y autorise, — tu lui diras hardiment qu'il te rende justice, ou bien que tu te plaindras au roi. J'ai dit.

Et sans ajouter une parole de plus, il tourna le dos à Hélier, qui se retira à pas lents, réfléchissant au conseil que son souverain venait de lui donner.

Tout en marchant, l'ex-bailli de Jersey se demandait s'il y aurait prudence de sa part à attaquer le taureau par les cornes ; mais enfin il se raidit dans son courage et se décida à remporter la victoire, ou bien à mourir.

Au moment où Hélier pénétra dans la salle d'audience, que l'on appelait la *Chambre etoilée*, à cause des étoiles qui décoraient la tapisserie de haute lisse dont les murailles étaient recouvertes, la séance du cardinal Wolsey allait être finie.

Hélier s'avança jusqu'à la barre et s'écria d'une voix haute et intelligible :

— Justice ! justice !

Wolsey l'avait reconnu, et au lieu de le faire arrêter pour troubler ainsi la séance, il lui répondit d'une voix doucereuse, mais qui trahissait la colère :

— Ah! c'est vous, messire Hélier? Patience, justice vous sera rendue.

— Je la demande sur l'heure,

— Je te l'accorde! Tu as offensé le conseil en pénétrant ici sans être mandé; or, je te condamne à la prison.

— Ah! c'est ainsi que vous jugez ma cause. C'est bien, cardinal, le roi sera instruit et nous verrons s'il approuve votre façon d'agir.

Wolsey leva la séance : on emmena en prison le malheureux arquebusier, qui n'y passa que deux heures et fut délivré par les ordres du cardinal, ou plutôt par ceux de Henri VIII.

Le souverain emmena l'inventeur à son tir et passa avec lui toute une journée à tirer et à faire tirer ses gentilshommes avec cette merveilleuse arme qui faisait six fois feu sans être rechargée.

La jeune Anna Boleyn elle-même fut priée d'essayer l'arquebuse, et elle lâcha la détente, tandis que le roi soutenait l'instrument, trop lourd pour les petites mains de celle qu'il désirait prendre pour femme. Miracle ! la balle atteignit la cible, et le roi, transporté, passa au cou d'Anna une chaîne d'or qu'il portait sur sa poitrine, et donna à Hélier un anneau enrichi d'un diamant de prix.

Bref, Hélier vécut ainsi, fêté et honoré, pendant tout le temps qui s'écoula depuis la clôture des séances de la « chambre étoilée » jusqu'à leur réouverture. C'était l'époque fixée par Wolsey lui-même pour juger l'affaire dont j'ai déjà parlé.

Or, il arriva que, dans cet intervalle, Wolsey écrivait au pape des lettres pressantes, afin d'obtenir le divorce de Henri VIII avec sa femme Catherine, tandis que souvent, par le même courrier, il suppliait le Saint-Père de ne point céder, car Anna Boleyn était imbue des préceptes de Luther, et le roi avait l'intention de se séparer de Rome.

Cette sourde opposition du cardinal aux volontés du roi devait avoir un terme. Un homme tel que Henri VIII ne pouvait pas voir sans colère un obstacle placé devant ses projets.

Un soir, trois mois après l'intrusion d'Hélier dans la Chambre étoilée, le 4 novembre 1531, Wolsey

soupait dans la grande salle de son manoir de
Cawood, près York, quand le duc de Northumberland se présenta devant le pont-levis et fut intro-
duit avec toute sa suite dans le salon d'apparat du
cardinal.

— Quelle heureuse chance vous amène près de
moi, mylord? demanda Wolsey à son hôte.

— Dites plutôt une malheureuse chance, prince de
l'Eglise, répliqua le duc; car je suis ici de la part du
roi pour vous arrêter.

— M'arrêter!... Et de quoi suis-je donc accusé?

— De haute trahison.

Wolsey demeura atterré et, tombant lourdement
sur un siége, resta dans cet état de prostration
toute la nuit, tandis qu'on fouillait le château de
Cawood.

Au petit jour, le cardinal et ceux qui l'emme-
naient prisonnier quittèrent le manoir pour se rendre à Londres; mais ils ne purent faire une longue
traite ce jour-là, car l'ex-ministre tomba de cheval à
Scheffield-Park, et demeura malade quinze jours, jusqu'à ce qu'enfin le constable de Londres, envoyé par
Henri VIII, vint s'assurer de l'état de sa santé et
presser l'arrivée du prisonnier.

Wolsey se vit perdu. Son malaise redoubla en

route, si bien qu'à Leycester-Abbey, à la halte du soir, quand il entra sous la voûte du couvent, à la lueur des torches, il répondit au prieur qui demandait quelle chambre on devait donner au cardinal :

— Une fosse creusée dans le cimetière.

Le malheureux prince de l'Eglise avait raison : deux jours après il expirait.

Le surlendemain de la mort du cardinal, Henri VIII avait ordonné les apprêts d'une grande chasse à Hampton-Court, afin d'essayer l'arquebuse d'Hélier sur les animaux de son domaine royal.

La chasse fut heureuse, et le soir, quand le roi regagna Londres, il apprit du duc de Northumberland lui-même la mort du cardinal.

Le duc avait trouvé le trésor de Wolsey, qui servit à Henri VIII à donner des fêtes splendides à Anna Boleyn et à payer les cérémonies de son union, comme aussi les formalités nécessaires pour son divorce avec Catherine d'Aragon. Puis après, il se nomma lui-même pape de l'Eglise réformée d'Angleterre.

Quant à Hélier, il fut réintégré dans la place de bailly et resta en grande faveur auprès de son souverain jusqu'à sa mort, qui eut lieu en 1559.

20*

L'histoire ne dit point que l'invention de Hélier ait été propagée à l'époque où elle fut faite, et pourtant il est certain que les *revolvers* furent connus en Italie. Dans l'arsenal, à Venise, on montre encore de nos jours aux visiteurs plusieurs arquebuses à rouet et à silex d'un système pareil à celui de Hélier. Sont-elles de la main de l'arquebusier de Jersey, ou bien sont-elles des imitations de sa première découverte? Ces armes eurent-elles un inventeur nouveau en Italie, à l'époque même où Hélier créait son arme tournante? Il m'a été impossible de rien découvrir à cet égard dans les livres du temps, non plus que dans les parchemins d'où j'ai tiré ce qui précède.

En écrivant cet historique, je n'ai eu qu'un but, celui de rendre à César ce qui appartient à César.

LA

PÈCHE A LA LOUTRE

PÊCHE A LA LOUTRE

Il est peu de chasseurs qui n'aient rencontré une loutre, cet animal amphibie, grand tout au plus comme un petit chien basset, et qui vit le long des cours d'eau, où il trouve sa nourriture et un abri temporaire contre les attaques de ses ennemis.

La loutre, comme le castor, est répandue sur toutes les parties du vieux et du nouveau monde, avec cette différence cependant que si le castor a disparu, — à peu d'exception près, — de notre territoire inhospitalier, la loutre est toujours fort commune en France, en Angleterre et sur toute la surface de l'Europe.

Il y a également des loutres sur le continent américain, et, comme c'est de deux animaux de cette espèce qu'il s'agit, je vais entrer de suite en matière.

J'ai eu pour ami intime, pendant mon séjour aux États-Unis, un grand chasseur et un pêcheur hors ligne, Frank Forrester, auteur de deux ouvrages émérites sur le sport américain, et dont le vrai nom était Herbert.

Un soir, assis sous la verandah de l'hôtel de Hoboken, de l'autre côté de l'Hudson, en face de New-York, nous causions, Forrester et moi, et je demandais à mon ami ce qu'il comptait faire de certaine loutre qu'on lui avait apportée vivante le matin, dans son habitation des champs, — *the Cedars*.

— Eh! parbleu, répondit-il, je compte m'en faire un auxiliaire précieux dans nos parties de pêche. Les Peaux-Rouges agissent tous ainsi, et certaines tribus du lac Ontario ou du lac Supérieur ne pêchent pas d'une autre manière. La loutre est pour l'eau et les poissons ce que le furet est pour la terre et les lapins. Du reste, la loutre que vous avez vue ce matin chez moi n'est pas la première que j'ai eue à mon service. Avant de venir m'établir aux États-Unis, j'habitais l'Irlande, et, au château de Kinkernay, où réside ma famille, j'avais élevé une loutre qui me suivait comme un chien, et ne prenait sa nourriture que de ma main, ou de celle de notre garde-chasse. Le pauvre animal sortait, se promenait seul, rentrait de même, allait tous les jours se laver dans le bassin de la fontaine, dormait au coin du feu de la cuisine pendant tout l'hiver et s'était si bien emparé de cette portion de l'âtre paternel, qu'il en chassait tous les chiens et les chats. Quelquefois cependant elle s'échappait la nuit pour aller pêcher dans un petit étang voisin du château; elle rentrait ensuite par les chatières, et, le lendemain matin, les débris de poisson trouvés dans la cuisine dénonçaient le vol de la nuit.

— Je regrette fort, dis-je à Forrester, ne pas avoir vu ce que vous me racontez. Ne serait-ce pas...

— Un... rêve de chasseur.

— Oh! je n'ai pas dit cela; mais M. de Buffon assure...

— Oh! ne me parlez pas de votre écrivain d'histoire naturelle aux manchettes de valenciennes. Ce n'est pas la seule erreur que contiennent ses œuvres... illustres. Non-seulement il y avait une loutre apprivoisée au château de Kinkernay, mais encore un paysan du bourg voisin possédait un de ces animaux qu'il avait élevé à pêcher dans la rivière, clandestinement, en braconnant ; si bien que souvent mon père l'avait fait avertir que s'il continuait un pareil métier, il le ferait arrêter et mettre en prison. Je voulus voir certain jour les opérations de « Jessie, » tel était le nom que Pat O'Connor avait donné à sa loutre, — et, le prenant à part, un matin, je lui tins à peu près ce langage

— Eh ! Pat, veux-tu que je te prenne sous ma protection ?

— Jésus ! si je le veux !

— Cela ne dépend que de toi.

— Que faut-il faire ?

— Me montrer ta loutre au travail.

— Au travail ! mais elle ne travaille pas, bon Dieu !

— Trêve de mensonges, mon cher Pat. Je sais ce que je sais ! donc, tu vas faire ce que je veux, ou sinon, gare à toi !

Pat résista bien encore ; mais enfin, convaincu autant par mes promesses que par mes menaces, il consentit.

Il prit un panier et y plaça Jessie, qui se tenait au

soleil, sur le bord d'un tonneau rempli d'eau, mit le tout sur son épaule, et le voilà parti.

Le rendez-vous était sur le bord du lac paternel, à l'endroit que l'on nomme *Trout's pond* (le trou aux truites), parce que ces délicieux poissons abondaient dans ces eaux.

J'avais pris les devants, et cependant, en arrivant, je trouvai O'Connor installé et m'attendant déjà en fumant sa pipe.

Le drôle connaissait *une* « raccourcie » qui l'avait mené très-rapidement au lieu convenu.

Je pressai mon braconnier de commencer la pêche au plutôt.

— Nous avons tout le temps, me dit-il. Il est deux heures seulement : par cette chaleur accablante, le poisson dort et ne circule pas. Le mieux est d'attendre jusqu'à quatre heures. La nuit serait encore préférable, mais vous ne verriez pas les évolutions de Jessie, et vous y perdriez trop.

Tout en attendant l'heure indiquée par Pat O'Connor, je causai avec lui, et je n'eus pas grand'peine à deviner que mon coquin d'Irlandais possédait un talent hors ligne pour le braconnage sur terre et sur eau. Mon père ne s'était pas trompé. Mais j'avais promis de me taire, et je dus garder le secret du *poacher*.

Enfin le soleil se pencha vers l'horizon et Pat ouvrit le panier dans lequel Jessie était restée parfaitement tranquille pendant toute notre conversation.

La loutre, couchée sur un lit de fougères, dormait profondément, mais, à la vue du jour, aux émanations de l'atmosphère, elle daigna ouvrir les yeux, paresseusement d'abord, puis avec vivacité, si bien qu'au bout de cinq minutes, elle était complètement réveillée.

Tandis que la loutre s'étirait sur l'herbe, j'avais jeté les yeux vers la surface argentée du lac, et il m'avait semblé apercevoir à certaines rides, à certains bouillonnements, qu'en effet, comme l'avait dit Pat, le poisson abondait au *Trout's pond*.

Tout à coup, un brochet qui poursuivait quelques menus poissons fit un bond au-dessus de l'eau, semblable à un éclair vivant.

L'Irlandais crut le moment propice pour commencer la pêche. Il montra à la loutre l'eau qui clapotait, et au même instant Jessie se jeta dans le lac.

L'animal nageait et plongeait avec une extrême facilité ; à différentes reprises il disparut pendant quinze à vingt secondes, puis enfin il se montra tenant entre ses dents une énorme carpe.

Pat siffla, et, docile comme un chien d'arrêt, Jessie se dirigea vers lui et déposa à ses pieds le cyprin qui frétillait encore dans les dernières convulsions de l'agonie.

Après la carpe vint un brochet de six livres, puis une douzaine de truites, et la pêche eût duré de cette sorte jusqu'au lendemain, si je n'avais pas jugé l'expérience suffisante.

— En voilà assez, dis-je à Pat : m'est avis que si tu venais ici toutes les nuits, avant peu le lac serait dépeuplé. Écoute-moi bien. Je consens à t'accorder, — de moi-même, — la permission de pêcher pour ta provision, seulement le vendredi. Je m'entendrai avec les gardes pour cela ; mais si tu es surpris un autre jour, on aura ordre de tuer d'un coup de fusil Jessie et de mettre son propriétaire à la geôle. Allons ! rappelle ton animal pêcheur et remets-le dans son panier.

Tandis que Pat sifflait Jessie, je m'étais éloigné quelques instants ; tout à coup j'entendis à trois pas derrière moi la détonation d'une arme à feu.

— Ah ! gredin ! dit une voix avec l'accent de la

colère, cette fois-ci je t'y prends ! M. Herbert me croira à la fin.

Je m'étais rapproché en reconnaissant la voix du garde-chef du manoir. Sam O'Mally, qui passait par là, s'était imaginé que le *poacher* travaillait pour son compte.

Hélas ! d'un coup de feu il avait abattu Jessie atteinte en pleine poitrine par la balle de son fusil, et déjà il portait la main sur le collet du braconnier, quand je me montrai.

— Vous arrivez à temps, maître, fit O'Mally.

— Oui ! à temps pour vous empêcher de tourmenter ce pauvre diable. Je regrette fort que vous ayez tué sa loutre, car s'il était ici, c'était par ma volonté.

— J'ignorais, maître, répliqua O'Mally...

Pendant que ceci se passait, Pat, s'était jeté à l'eau et rapportait la pauvre Jessie sur la rive. De grosses larmes coulaient le long de ses yeux : on eût dit qu'il perdait un ami.

Je mis tout en œuvre pour consoler le bonhomme, à qui je donnai une somme ronde, mais il n'en paraissait pas moins très-affecté.

Ce qu'il y a de certain, c'est que, pour une raison ou pour une autre, six mois après la mort de Jessie,

Pat était enterré un beau matin, laissant une veuve et trois enfants, dont mon père prit soin tant qu'il vécut, et que je n'ai pas abandonnés.

Le récit de Frank Forrester m'avait fort intéressé, et je le remerciai de son aimable compagnie lorsque nous nous séparâmes, lui pour retourner aux *Cedars,* moi pour traverser l'Hudson, à bord du *ferry-boat,* afin de rentrer à New-York.

La loutre de mon camarade de chasse prospéra et devint énorme ; par malheur, Rock pêchait le plus souvent pour son compte, et cela n'arrangeait pas la cuisinière du *shooting box* de Frank, qui exigeait du poisson pour ses matelotes.

Il fallait trois bonnes années au maître de « Rock » pour corriger son élève de tous ses défauts ; mais quand cette éducation fut perfectionnée, la loutre des *Cedars* approvisionnait chaque matin le garde-manger, si bien qu'à quelque heure du jour ou de la nuit que l'on entrât dans cette demeure hospitalière, on y trouvait une tranche de saumon grillée, ou bien un énorme *bass* ou un *hallibut* bouilli et prêt à être assaisonné d'huile et de vinaigre.

Quant aux homards, aux langoustes et aux crabes, ils grouillaient dans un vivier rempli d'eau de mer renouvelée chaque jour.

21*

Non loin des Palissades, ces murailles géantes qui bordent l'Hudson, à gauche, le long de l'État de New-Jersey, en remontant du côté de Sing-Sing, à l'entrée d'une petite anse, Frank Forrester avait découvert un barrage qui, suivant ses appréciations, avait dû être fait autrefois par la main des hommes.

L'anse, bordée d'une part par une sorte de muraille de pierres, de l'autre par un banc de sable, formait une sorte de bassin naturel, à l'extrémité duquel, découlant des roches, s'épanchait une source d'eau vive aussi limpide que du cristal.

Un soir, j'avais dîné aux *Cedars,* et, au dessert, la loutre, suivant son usage, était venue trouver son maître et recevoir un morceau de pain trempé dans du café sucré, friandise qui lui était fort sympathique.

— Au lieu de retourner à New-York, voulez-vous rester à coucher ici, me dit Frank Forrester; nous irons, demain matin dès l'aube, visiter mon réservoir des Palissades, en compagnie de Rock.

— J'accepte, répondis-je, fort enchanté de la proposition.

Nous nous retirâmes de fort bonne heure, Frank et moi, et la nuit me parut longue, je vous assure, car, la veille d'une chasse ou d'un voyage, la préoccupation me tient presque toujours éveillé.

Au petit jour, je réveillai Forrester, qui dormait d'un sommeil de plomb.

Avaler un verre de gin, aller chercher Rock dans son panier et nous mettre en route, tout cela fut l'affaire d'un quart d'heure.

Devant les *Cedars* il y avait trois bateaux amarrés. Forrester sauta dans une embarcation pontée, qui allait à la fois à l'aide d'une voile ou d'avirons. J'imitai son exemple et nous hissâmes la toile.

La brise soufflait d'aval, si bien que, dans l'espace d'une demi-heure, nous pûmes jeter l'ancre, bord à bord avec la muraille du bassin des Palissades.

La marée descendait : c'était le moment le plus propice pour notre pêche.

Sur le bord du bassin, vers la source, se tenait perché sur ses pattes un magnifique bihoreau de la grande espèce, qui se leva lourdement à notre approche et prit son vol à vingt pas de l'embarcation.

J'avais emporté un fusil à tout hasard; je me hâtai d'épauler, je fis feu, et l'oiseau, tournant sur lui-même, tomba lourdement à l'extrémité du banc de sable.

— Très-bien! me dit Forrester; maintenant, plus de bruit, pas un mot, laissons le calme revenir, puis nous lâcherons Rock. Je gagerais sa vie contre une pipe de tabac que nous allons faire ce matin une pêche miraculeuse.

— Vous le croyez?

— J'en suis certain.

Tout en murmurant ces paroles, nous avançâmes du côté de la source, près de laquelle se trouvait un banc naturel formé par une roche plate détachée depuis longues années du sommet des Palissades.

Nous nous assîmes côte à côte, le panier de Rock devant nous, sans prononcer un mot, sans ouvrir la bouche. Forrester examinait attentivement le fond de l'eau, et je lus bientôt dans ses yeux qu'il découvrait quelque chose de particulier.

— *Damn' it!* murmura-t-il tout d'un coup à mon oreille. Il y a un esturgeon dans le bassin.

— Un esturgeon...

— Oui, ajouta Frank, toujours à voix basse, et une énorme bête. Seulement il est à craindre que le monstre ne se sauve par l'ouverture qui donne dans l'Hudson. Pour éviter cette mauvaise chance, je vais aller lui barrer le passage. Vous, restez ici; vous lâcherez Rock dès que je vous ferai signe.

Frank Forrester se leva et, marchant à pas de loup, regagna l'embarcation, à bord de laquelle se trouvait un coffre contenant un filet solide, garni de plomb par le bas.

Il affala doucement le filet à l'eau, de façon à obstruer le passage du canal qui servait de communication. A l'aide de deux énormes pierres, il amarra la corde d'un côté sur la muraille naturelle, — le barrage, — et de l'autre à un pieu qu'il planta dans le banc de sable.

Lorsque tous ces préparatifs furent achevés, Franck me fit un signe en s'écriant :

— *Go-a-head !*

J'ouvris le panier qui contenait la loutre. A peine l'animal fut-il sorti qu'il huma l'air, allant de ci de là sur le bord de l'eau; puis il se jeta la tête la première au plus profond du bassin.

Nous ne vîmes d'abord qu'un bouillonnement, une espèce de remous; l'eau se troubla. et les émanations qui s'échappèrent de ce liquide bouleversé nous semblèrent peu faites pour réjouir l'odorat.

Tout à coup, un corps énorme, qui, à vue d'œil, paraissait mesurer environ deux mètres, apparut à la surface, nageant du côté où se tenait Franck Forrester.

Le monstre, — mon ami avait dit vrai, c'était un esturgeon, — aperçut probablement Forrester, qui, une gaffe à la main, se tenait prêt à le recevoir, car il fit volte-face. Mais à peine s'était-il retourné qu'il rencontra Rock.

Alors s'engagea sous nos yeux un combat qui dura plus de vingt minutes, car, si Rock attaquait avec vaillance, l'esturgeon se défendait comme un démon et faisait rage des dents et de la queue.

Deux fois il tenta de fuir en forçant le passage, mais le filet et la gaffe de Forrester lui firent rebrousser chemin.

A la fin, harrassé, meurtri, perdant son sang par vingt blessures, le monstre vint s'échouer sur le sable, où Franck l'acheva d'un coup de pied.

Ce splendide poisson pesait soixante-trois kilogrammes, et, pour l'emporter jusqu'à notre embarcation, nous dûmes avoir recours au filet, car il glissait entre nos doigts et retombait lourdement sur le sable, ou à l'eau.

Tandis que nous arrimions l'esturgeon au fond de la barque de Forrester, Rock, se trémoussant dans le bassin, en rapportait une énorme anguille, puis un *sun fish*, et en troisième lieu un *blue fish*.

Comme on le voit, la pêche était assez belle et

Forrester la trouva suffisante. On remit Rock dans sa corbeille, la voile fut hissée, et trente minutes après nous nous arrêtions devant les *Cedars*.

Jenny Marshal, la femme de charge de Forrester, qui guettait notre arrivée du haut du quai, salua son maître d'un *hurrah* guttural qui trahissait à la fois l'étonnement et l'admiration. Jamais la bonne femme n'avait vu pareil poisson, et elle déclara qu'il fallait l'envoyer à Barnum, qui l'exhiberait dans son muséum pour le plus grand plaisir de ses visiteurs.

Franck Forrester, très-amateur de la chair d'esturgeon, goûta peu cet avis, et une demi-heure après, assis devant la table de la salle à manger des *Cedars*, nous savourions ensemble quelques *steaks* d'esturgeon qui nous parurent délicieux.

Il va sans dire que Rock ne fut pas oubliée et qu'elle reçut double ration.

Quelques temps après, pendant une excursion au Canada, en compagnie de mon ami M. Mac-Lean, dont j'ai eu souvent l'occasion de parler dans mes récits de *Chasses de l'Amérique du Nord*, j'eus l'occasion de voir, chez une tribu d'Indiens, campés sur les bords du lac Ontario, deux loutres apprivoisées qui pourvoyaient aux besoins des Peaux-Rouges.

Nous étions au mois d'octobre, les journées étaient encore chaudes et le soleil avait repris cette gloire splendide qui fait donner à l'automne américain le titre pompeux de *indian summer* (été des Indiens).

Le soir de notre arrivée dans le camp de Meata-Onih, après avoir installé notre tente et arrangé nos provisions, que nous devions laisser sous la garde d'un domestique, Mac-Lean me proposa une promenade à la baie de Sainte-Marie-des-Loups.

Il s'agissait de visiter des pêcheries exploitées par une vingtaine de Peaux-Rouges, qui prennent le poisson à l'aide de filets et de pots à feu, la nuit et le jour, grâce aux loutres auxiliaires.

Inutile de dire que j'acceptai, et le lendemain matin nous nous mettions en route dans la direction de Sainte-Marie-des-Loups, n'emmenant avec nous que nos chiens et n'emportant que nos fusils et des munitions de chasse.

Je pourrais raconter à mes lecteurs les incidents de notre route, lui dépeindre la beauté du paysage, la hauteur des sapins sous les branches desquels nous nous glissions; mais ceci nous conduirait trop loin, et je me bornerai à dire que, vers cinq heures du soir, en arrivant sur une pointe de roches qui s'avance en forme de promontoire sur le lac Ontario, Mac-Lean me montra devant nous, au fond d'une baie, dix huttes assez vastes et trois hangars couverts de roseaux qui formaient le « village » de Sainte-Marie-des-Loups.

Devant ces huttes, sur des cordes soutenues par des pieux de bois, s'étalaient de nombreux filets destinés à la pêche, longues traînes ou nasses au bas desquelles les Indiens, en guise de plomb, avaient appendu des morceaux de cuivre natif, très-abondant dans le haut Canada.

Lorsque nous arrivâmes au village, la journée de pêche était finie, et une douzaines de femmes s'occupaient à saler et à préparer le saumon.

Elles étaient fort laides en général, mais en revanche d'une malpropreté révoltante, ce qui est du reste habituel dans tous le wigwams des Peaux-Rouges de l'Amérique du Nord.

Quant aux pêcheurs de Sainte-Marie-des-Loups, couchés à l'ombre d'un bouquet de sapins, ils se reposaient des fatigues de leur travail. Les uns fumaient, les autres dormaient, sans plus s'occuper du labeur des femmes qui, du reste, s'acquittaient au mieux de leurs fonctions.

Mac-Lean s'adressa au chef de la pêcherie qu'il appela par un nom très-bizarre : Tarri-kko, et lui dit en anglais ce que nous venions faire chez lui.

Le Peau-Rouge nous tendit la main sans répondre, nous offrit sa pipe à fumer et nous fit asseoir près de lui; puis, après un instant de silence, il ajouta :

— Mes frères les blancs de l'autre côté du grand lac sont les bienvenus chez moi. Il y a ce soir pêche au feu, et je les emmènerai dans une barque.

Une heure après, on servit le repas du soir. Heureusement, pendant la route, nous avions tué un lièvre et deux « partdriges, » et nous pûmes offrir à nos hôtes un rôti qui fut parfaitement accueilli.

Après le souper, on se coucha, car on ne devait partir qu'à minuit, dès que la lune aurait disparu à l'horizon.

La pêche du saumon, de l'esturgeon, des aloses et autres poissons destinées à approvisionner les marchés de l'Amérique du Nord, occupe un très-grand nombre d'individus sur les lacs du Canada; et nous nous trouvions, mon ami et moi, parmi les plus habiles *fishermen* de tout le pays.

Quand Phœbé eut disparu derrière les montagnes, nos Peaux-Rouges se levèrent et Tarri-kko nous fit signe de l'accompagner. Nous trouvâmes sur le bord du lac plusieurs barques préparées, à bord des-

quelles étaient placée une certaine provision de torches, un trident primitif, ressemblant fort à un fer
de lance de Polonais, barbelé d'un seul côté et
fixé dans une perche de bois très-léger et très-
solide.

Une longue corde fixée par un nœud solide, à l'extrémité du manche, venait se rattacher par l'autre
bout au bordage du canot, et servait à retenir l'é-
pieu lorsqu'il était entraîné par le poisson trans-
percé.

Les canots de la plupart des pêcheurs consistaient
en des barques d'écorce de bouleau faites en forme
de gondole et relevées par les deux bouts; celui
dans lequel nous montâmes, en compagnie de Tarri-
kko et d'un autre Indien, était plus grand que tous
les autres et eût pu, au besoin, contenir dix passa-
gers.

On pagaya pendant un demi-mille environ, en suivant les bords du lac; puis, au remous qui fit osciller
notre barque, je compris que nous étions parvenus à
l'embouchure d'une rivière.

En ce moment, sur un mot prononcé par Tarri-
kko, le Peau-Rouge alluma une torche à l'aide d'un
silex et d'un morceau de *fungus,* et, dès que la lumière parut, nous aperçûmes comme par enchan-

tement, toutes les autres embarcations imiter cet exemple.

Enveloppés, comme nous l'étions, par une nuit obscure, l'aspect de ces torches éclatantes et de ces démons à figure humaine qui s'agitaient en tous sens dans leurs barques, tout contribuait à donner au spectacle que nous avions sous les yeux, un caractère étrange et bien propre à frapper l'imagination.

Placé sur l'avant de son canot, Tarri-kko, la lance en main, épiait l'approche d'un poisson trop curieux accourant à la lumière, et, d'un coup assuré, le transperçait sans manquer une seule fois son but. Son adresse nous émerveillait. Au bout de deux heures, saumons, truites, gaspereaux, bass, perches géantes, tanagres, s'entassaient au fond de notre canot, et nous songions au retour.

Les autres embarcations ne tardèrent pas à rejoindre Tarri-kko, et l'on rentra à Sainte-Marie-des-Loups avec près de deux cents kilos de poissons.

Avant d'aller se coucher, le chef de la pêcherie voulut inspecter les filets qui servaient à la « chasse des loutres. »

Il revint bientôt en disant que tout était en état.

et qu'il espérait une bonne pêche pour le lendemain après-midi. En effet, on ne devait reprendre les travaux que vers les quatre heures.

Notre matinée se passa donc à dormir.

A dix heures, nous partageâmes le repas des Indiens, qui se composait de tranches de saumon grillées et de perches rôties devant les charbons, mets exquis que je recommande aux gourmets; puis, en fumant notre pipe, nous allâmes visiter le « chenil » de la pêcherie où se trouvaient, d'un côté, une douzaine de chiens destinés à la chasse aux caribous et aux cerfs; de l'autre, sept loutres dont les fonctions étaient de rabattre le poisson dans les barrages en filets, comme je vais l'expliquer tout à l'heure.

Au centre de la petite cour réservée aux loutres, un réservoir plein d'eau limpide permettait aux amphibies de se livrer au plaisir du bain, quand ils le jugeaient à propos.

A la voix de Tarri-kko qui les appelait chacun par leurs noms, Atia, Pwino, Shorty, Meoni, etc., les intelligents animaux répondaient en accourant près de la palissade.

Le moment de la pêche arriva enfin.

Avant de partir on vida les filets qui contenaient à peine une demi-douzaine de pièces importantes; puis, lorsqu'on les eut replacés, le chef de la pêcherie fit embarquer les sept loutres à bord des canots et donna l'ordre du départ.

Voici comment la pêche se pratique à Sainte-Marie-des-Loups :

L'endroit choisi ressemblait fort à une corne d'abondance formée par un ruisseau qui se jetait dans une baie.

D'un côté de la corne, — le plus large et s'avançant au milieu du lac, — étaient disposés les filets qui, dans un moment donné, devaient se tendre en barrage à force de bras, de façon à retenir le poisson poursuivi par les loutres et acculé dans la pointe de la corne, — celle qui pénétrait au milieu des terres.

Cependant les barques s'étaient éloignées, tandis que, montés sur un rocher qui dominait les eaux du lac, nous nous préparions à assister à une pêche d'un genre tout nouveau pour nous.

Chaque canot se plaça à un mille de terre, à intervalles égaux, puis sur un signe donné, on lâcha les loutres.

D'un commun accord et simultanément, les amphibies piquèrent une tête et disparurent.

Au remous, à un mouvement insolite qui se produisait sur la nappe liquide, à quelques sauts des poissons qui grouillaient de ci de là, on comprenait qu'une chasse à la nage s'opérait dans les profondeurs de l'eau.

De temps à autre, une loutre montrait son museau à la surface, puis elle plongeait de nouveau.

Plus loin un saumon, probablement happé par la queue ou mordillé aux nageoires, faisait un bond rapide, brillait au soleil et retombait lourdement.

Çà et là le menu fretin s'agitait dans un trouble inexprimable.

A mesure que l'heure avançait, les canots rétrécissaient le demi-cercle, tandis que d'autres embarcations placées de chaque côté de l'entrée se disposaient à clore d'un seul coup le passage, afin d'enfermer tout le poisson chassé par les loutres entre les filets et la terre.

Cette battue, qui avait lieu une fois par semaine seulement, est généralement très-productive.

Elle le fut en effet ce jour-là.

A peine les filets furent-ils fermés que, dans toute la baie, nous vîmes une animation sans pareille.

Les Peaux-Rouges rappelaient Atia, Pwilo, Shorty, Meoni et consorts qui, fidèles à la voix de leur maitre, rentraient dans les barques les uns après les autres.

Quand les sept loutres furent revenues, on laissa tomber en dedans de la partie circonscrite par les filets, une sorte de « seine » dont les deux extrémités rejoignaient la terre. Aussitôt, hommes et femmes s'attelèrent, sur les deux rives, aux cordes, et se mirent à tirer le tout vers le rivage.

A mesure qu'ils avançaient, il était facile de voir que la résistance augmentait; aussi leur marche devenait-elle plus lente de moment en moment. Au-dessus de l'eau sautaient d'énormes poissons dont quelques-uns réussissaient à franchir les limites du filet.

Enfin, les pêcheurs s'arrêtèrent. Devant eux, sur le sable, frétillaient des amas de poissons de toutes sortes, de toutes formes, longs, ronds, ovales, pointus; depuis le saumon jusqu'à l'anguille, cherchant, mais en vain, à regagner leur élément.

A coups d'aviron, à coups de gaffe, avec la main, avec le pied, les Peaux-Rouges assommaient tout le gros « peuple; » quant au petit fretin, les uns le rejettaient dans le lac, les autres l'entassaient dans des corbeilles pour servir de nourriture aux loutres.

Le soir il y eut fête au campement de Sainte-

Marie-des-Loups. La pêche avait été magnifique, et l'on permit aux « dames » de se livrer à une danse frénétique, avec accompagnement de brandy, gin et autres liqueurs dont *ce beau sexe* se montra fort friand.

Cette « assemblée » se prolongea fort avant dans la nuit, mais nous nous étions retirés, Mac-Lean et moi, sous la hutte mise à notre disposition.

Le lendemain, nous rentrions au camp de Meata-Onih, à qui Mac-Lean rapportait trois saumons, présent de son frère Tarri-kko.

UNE

CHASSE EN PERSE

CHASSE EN PERSE

La Perse, respectueuse ou tremblante, baissait la tête sous le sceptre d'Aga-Mohamed-Khan.

Un seul chef, Zaul-Khan, son ancien frère d'armes, outragé par lui, avait levé l'étendard de la révolte, et maintenait son indépendance à la tête des tribus turcomanes, dans sa province héréditaire de Mézandézan.

Cet illustre rebelle, qui osait ainsi braver le pouvoir du shah, avait plusieurs fois remporté des avantages sur les troupes royales, grâce à la bravoure de son fils Zohrab, le héros favori de sa race, la terreur et l'admiration de tout l'empire d'Iran.

Mais un guerrier tel qu'Aga-Mohamed n'eût pas facilement désespéré de vaincre avec le temps des ennemis plus redoutables encore que Zaul-Khan et son fils.

Au milieu des dangers sans cesse renaissants de cette dernière guerre, il trouvait dédaigneusement le loisir de se livrer à la chasse ou aux fêtes dans son palais, non que les fêtes eussent par elles-mêmes quelques charmes pour le shah ; il laissait à d'autres le plaisir pour but, n'y trouvant qu'un des mille moyens de parvenir à contenter les seules passions qui pouvaient l'émouvoir : l'ambition, l'avarice et la vengeance, les seuls sentiments qu'il lui fût donné de connaitre.

Aucun des despotes de l'Asie n'offre, dans l'histoire, un caractère plus extraordinaire qu'Aga-Mohamed, oncle et prédécesseur du roi actuel de Perse. Le sort ne l'avait fait naitre que le chef d'une des tribus rivales qui ont, à titres égaux, la prétention de placer leur chef sur le trône, quand une révolution l'a rendu vacant.

Dès ses plus jeunes ans, Aga-Mohamed conçut les

plans ambitieux qu'il accomplit enfin, à force de persévérance, en joignant l'artifice à la bravoure, jusqu'à ce qu'il eût dompté tous ses rivaux et saisi d'une main ferme le sceptre de la Perse.

Aga-Mohamed sut alors affermir sa domination par le choix habile de ses ministres et de ses généraux; il parvint à conserver son accendant sur ses soldats, non-seulement par le charme et la terreur de la puissance souveraine, mais surtout par son courage et son mépris de la mollesse.

Despote et tyran dans son palais, il n'était plus que le premier de ses soldats dans le camp, mangeant le même pain qu'eux, partageant toutes leurs fatigues, montrant une sobriété telle qu'il n'avait jamais violé la loi du prophète contre le vin. Le shah était si dur à lui-même, qu'il avait acquis le droit d'être sévère envers les autres jusqu'à la cruauté.

A l'âge de soixante-trois ans, Aga-Mohamed était si mince de corps que de loin on l'eût pris pour un jeune homme de quatorze ou quinze ans; mais son visage sans barbe et ridé ressemblait à celui d'une vieille femme.

Sentant lui-même sa laideur, il ne pouvait souffrir qu'aucun homme osât le regarder en face; il forçait ses plus braves gardes à détourner ou à baisser la vue quand il passait auprès d'eux.

Le supplice auquel il condamnait le plus volontiers ses ennemis était la perte des yeux, témoins les sept mille aveugles de Kerman, dont quelques-uns sont encore aujourd'hui les monuments vivants de sa barbarie inexorable.

Tel était le souverain redouté au *lever* duquel je vais introduire le lecteur.

On venait prendre ses derniers ordres pour une grande chasse qui devait avoir lieu le jour même.

Auprès du shah était son sage visir Hadgi-Hibrahim, qui est encore vénéré aujourd'hui en Perse comme le modèle des politiques profonds et cependant humains; singulier ministre pour un pareil monarque !

Aussi Hadgi-Hibrahim était seulement le ministre du shah et non son favori : il se retira après lui avoir parlé d'affaires plus importantes que la chasse.

A Hibrahim succéda un être difforme qui jouissait de la faveur la plus intime d'Aga-Mohamed : c'était le barbier de ce Louis XI d'Orient, connu sous le nom de Gougou, c'est-à-dire le bossu ; vint ensuite un jeune homme d'une beauté remarquable, qu'on nommait Fatteh-Ali, neveu du shah et désigné par lui comme son successeur.

Aga-Mohamed aimait ce jeune homme autant qu'un despote aime son héritier; d'autre part, comme il n'avait pas le cœur assez froid pour être tout-à-fait incapable d'affection, le shah chérissait surtout sa nièce, la belle Amima, sœur de Fatteh-Ali.

C'est d'elle qu'il s'occupa d'abord; c'est auprès d'elle qu'il se proposait d'aller se reposer après la chasse :

— Fatteh-Ali, dit-il à son neveu, j'ai ordonné qu'on portât les tentes du harem près de Firouzabad. Là sera le terme de la chasse, et là ma nièce nous attendra ce soir. Partons.

Mokamed-Aga se mit en route avec ses équipages et son cortége.

On parcourut un long espace de chemin sans s'arrêter, et l'on pénétra enfin dans les profondeurs des montagnes de Memzadéran qui dressaient çà et là leurs crêtes escarpées, dont les formes fantastiques semblaient défendre aux cavaliers d'approcher et défier leur audace.

Tout à coup on entendit un cri aigu et prolongé qui fut répété de différents points des rochers.

— *Gour Khur, Gour Khur !* l'âne, l'âne sauvage !

Et en effet, on put voir deux ou trois de ces

23*

beaux et indépendants quadrupèdes qui paissaient tranquillement au fond d'un ravin, sans faire en apparence aucune attention aux assaillants dont ils étaient entourés.

Le vieux chef de la chasse accourut alors, tout haletant, vers son souverain, et il oublia un peu l'étiquette pour l'informer du fait. Il s'agissait aussi de la guider à l'endroit où l'on devait pousser les ânes, afin que le gibier rencontrât dans sa fuite les divers relais de chiens postés dans les montagnes, sans lesquels on eût espéré en vain lasser l'énergique activité de ces animaux indomptables.

Le shah se laissa diriger sans perdre une minute.

Le grand veneur, avec une adresse patiente, parvint à tourner les ânes sauvages du côté du vent, et se trouvant alors à deux ou trois cents toises encore éloigné d'eux, il lâcha deux des plus forts et plus agiles levriers qu'il tenait en laisse.

Les ânes n'entendirent pas plutôt le bruit de la chasse que, dressant la tête et les oreilles, hérissant les crins de leur cou, et comme pour s'assurer de leur souplesse, ils bondirent à quelques pas plus loin. Ils s'arrêtèrent enfin, puis partirent de nouveau, s'arrêtèrent encore, et firent face aux chiens que, par une espèce de défi, ils laissèrent approcher à quelques toises. A ce moment ils s'élancèrent et disparurent avec une inimaginable rapidité.

Ayant mis entre eux et la chasse un espace considérable, ils semblèrent défier ceux qui les poursuivaient : On les vit s'arrêter et même brouter le gazon; puis ils recommencèrent à fuir, toujours avec le même succès.

Ce fut alors qu'on put remarquer l'intrépidité bien connue des cavaliers persans; aucune colline, quelque escarpée qu'elle fût, aucune descente, malgré sa rapidité, ne pouvaient les arrêter. Ils poussaient leurs chevaux par dessus tous les obstacles, et tenaient pied aux chiens avec une incroyable assurance.

Parmi les plus avancés, on distinguait le roi luimême, l'œil ardent, brandissant d'une main son fusil géorgien, guidant de l'autre son coursier avec une adresse et une vivacité digne d'un chef des montagnes.

Après le roi venait le jeune prince, son neveu, insouciant de tout danger, ne pensant qu'à être des premiers, et triste de ne pouvoir précéder son oncle.

Lui aussi avait pris son fusil à la main; car les ânes sauvages ayant gravi les sommets de la monta-

gne, il avait plus de chances de les atteindre avec le
fusil qu'avec le javelot.

Déjà les ânes avaient été chassés par deux relais,
sans donner encore aucun signe de lassitude; ils
avaient amené les chiens au faîte des pics les plus
escarpés, où trois ou quatre chasseurs seulement
osaient les suivre, les autres restaient en arrière en
cherchant à tourner les ravins et les rochers; mais
le lieu de la scène était si bien disposé que ce spectacle pouvait être aperçu de tous.

La chasse semblait enfin suspendue, lorsqu'on vit
un de ces infatigables quadrupèdes se poser sur l'extrême bord d'un rocher qui découpait de sa forme
triangulaire le fond bleu du ciel.

En ce moment un coup de feu retentit... l'animal
resta immobile à son poste, une seconde après éclata
un autre coup, et cette fois l'animal, puni de son orgueil, bondit de roc en roc et vint rouler presque
aux pieds du shah lui-même.

Plus de mille voix firent entendre aussitôt une
triomphante acclamation que mille échos répétèrent
dans les montagnes.

Mieux eût valu qu'il se fût sagement abstenu de
cet exploit, celui dont l'admiration générale avait
d'abord fait palpiter délicieusement le cœur.

A peine son adresse avait-elle obtenu ces applaudissements unanimes, que le shah laissa éclater toute son envie.

Se retournant tout à coup avec un air de colère jalouse, il s'écria :

— Quel est l'audacieux qui a osé tirer ainsi ?

Fatteh-Ali, la tête basse, pouvant à peine retenir son fusil dans ses mains tremblantes, atterré, en un mot, au milieu de sa joie, avoua sa culpabilité par son silence.

A l'instant, le brave jeune homme reçut l'ordre de se retirer, de se rendre au lieu désigné pour la halte du soir, et d'y attendre les volontés d'Aga-Mohamed.

La colère du despote étouffa toute son ardeur pour la chasse; en proie au dépit et à la haine, il eût peut-être sacrifié à sa mauvaise humeur celui qui l'avait excitée, s'il avait eu un autre parent pour perpétuer sa dynastie.

En arrivant le soir au camp, le vieux shah commençait à s'apaiser, lorsqu'il entendit tirer quelques coups de fusil près de son pavillon.

Il demanda ce que c'était; il fallut lui apprendre que c'était encore Fatteh-Ali qui s'exerçait à la cible avec quelques-uns de ses officiers.

Le jeune prince, avec l'insouciante légèreté de son âge, avait déjà oublié sa faute.

Aga-Mohamed crut sans doute que son neveu célébrait son adresse du matin : il ne tarda pas à le mander auprès de lui.

La nuit était déjà noire et l'on venait d'allumer deux flambeaux, quand Fatteh-Ali entra dans le pavillon et découvrit son oncle, assis dans un coin, ressemblant assez à un reptile venimeux replié sur lui-même et prêt à s'élancer sur sa proie timide.

Ce tête à tête inattendu l'effraya d'abord; mais bientôt, se disant qu'il n'avait pas voulu offenser le shah. et se livrant à toute la confiance de la jeunesse. il se présenta comme si rien d'important n'était survenu depuis la veille.

— Fatteh-Ali, dit Aga-Mohamed avec un ton de voix très-peu agréable. asseyez-vous.

C'était un privilége inouï; cependant le prince s'assit pour obéir.

— Fatteh-Ali, répéta le monarque avec un air de solennité étrange, vous êtes jeune, vous êtes étourdi, c'est vrai; mais jeune et étourdi comme vous êtes. il faut que vous sachiez que si vous manquez une fois de respect à ceux que vous devez honorer, vous pourriez avec le temps commettre les actes les plus repréhensibles, des actes qui, s'ils ne sont ceux d'un rebelle, peuvent approcher de la rébellion, et ne laisser à moi, votre seigneur et maître, d'autre alternative que de vous ôter le pouvoir de continuer.

— Par l'amour du prophète! par l'amour d'Ali! s'écria Fatteh-Ali, que signifient ces paroles? Je suis votre esclave dévoué, mon oncle! De qui suis-je donc le chien pour penser à une rébellion? Je vous jure, par votre tête sacrée, par votre sel que j'ai mangé si longtemps, que j'ai été emporté ce matin par l'ardeur de la chasse. Veuillez m'entendre et me comprendre, mon oncle, si j'avais su vous déplaire, j'aurais mieux aimé me couper le doigt plutôt que que de tirer cette maudite carabine. Grâce! grâce!

— Tout cela est bien, Fatteh-Ali; mais vous allez vous rendre dans votre gouvernement de Shiraz, et, avant de nous séparer, j'ai quelque chose d'important à vous communiquer. Prêtez-moi toute votre attention, votre roi parle sérieusement.

En disant cela, il prit dans ses mains un petit coffret bien fermé, qu'il regarda avec une sorte de malice et de mystère en examinant son neveu, puis, appuyant une clé sur le cadenas, il l'ouvrit, et tira un paquet enveloppé d'un mouchoir de soie.

Fatteh-Ali s'attendait à voir luire du moins quelque pierrerie ou quelque curiosité qui méritât d'être ainsi conservée précieusement.

Son impatience fut irritée au dernier point, quand, après avoir enlevé enveloppe sur enveloppe, rien ne parût encore à ses yeux : c'était peut-être un koran de choix, qu'avant son départ son oncle voulait lui donner; il savait combien le shah était jaloux de passer aux yeux du monde pour un des plus dévoués enfants du saint prophète.

Mais non... le paquet ainsi enveloppé n'avait pas l'air d'être quelque chose de très-grande valeur; c'était peut-être le jika, bijou qu'on porte sur sa tête, symbole de la royauté, que son oncle désirait lui remettre de ses propres mains, maintenant qu'il allait représenter, plus immédiatement sa majesté royale dans son nouveau gouvernement... mais ce n'était pas non plus le jika.

Le shah s'arrêta quand il en fut à la dernière enveloppe.

Enfin, par un geste rapide, il l'écarta tout à coup, mais quelles furent la surprise et l'horreur du jeune prince, quand, au lieu d'un don magnifique, il aperçut un vieux mouchoir taché de sang.

— Voyez-vous cela? lui dit le monarque en déployant avec calme à ses yeux ce chiffon abominable ; et sa physionomie prenait une expression qui aurait épouvanté même le démon.

Fatteh-Ali, immobile, pâle, l'air effaré, ne répondit rien.

— Enfant, continua Aga-Mohamed avec un accent de plus en plus sévère, ce sang ne parle-t-il pas ?

Fatteh-Ali restait toujours muet.

— Réponds, enfant, ajouta le despote, connais-tu ce sang ?

— Grand Dieu, répondit encore Fatteh-Ali avec des mots entrecoupés, je ne sais rien.

— Malheureux, dit le shah, ce sang est le sang de ton père !

L'horreur de Fatteh-Ali redoubla, un tremblement convulsif agita tout son corps.

— Mon père ! s'écria-t-il.

— Oui, ton père et mon frère, dit le despote ; il était aimable comme toi et imprudent comme toi... Je le soupçonnai, il devint ambitieux et rebelle, je le tuai. Vas tu sais tout à présent... Tu me connais ; souviens-toi de la leçon de cette nuit. Tu peux te retirer : demain matin, avant le jour, sois sur la route de Shiraz.

En rappelant qu'il avait aimé son frère, le tyran sentit des larmes lui mouiller les yeux.

24

Surpris lui-même de cette contradiction de la nature, il ne tarda pas à étouffer un reste de faiblesse; et quand le jeune prince, prenant congé de son oncle. leva un moment les yeux sur son visage, il ne put y voir que le masque de son impassibilité habituelle.

UNE CHASSE

AU DELA DES TROPIQUES

UNE CHASSE

AU DELA DES TROPIQUES

Un de mes amis m'ayant fait la description la plus attrayante de la chasse et de la pêche dans l'île de Trinidad, ainsi que sur les côtes et les montagnes de Paria et à l'embouchure de l'Orénoque, je résolus de l'accompagner dans ces contrées que d'ailleurs je désirais visiter.

Après une traversée de trente-cinq jours depuis les Dunes où nous nous étions embarqués, nous mouillâmes devant Trinidad, au commencement de janvier 1844.

Je me rendis sur le champ au Port-d'Espagne, capitale de l'ile, avec mon ami, qui insista pour que je logeasse chez lui, où il me donna une fort belle chambre à coucher avec un petit cabinet pour poser mes fusils de chasse, mes piques et javelots, mon coutelas, en un mot, toutes mes armes destructives dont, le jour suivant, je surveillai avec soin le débarquement.

Dans le cours de cette journée, je fis le tour de la ville et je fus présenté à M. Bradley, un des plus heureux chasseurs de l'ile, de qui les bons conseils, et l'assistance salutaire me furent par la suite de la plus grande utilité.

Pour commencer, il m'engagea à me faire tirer un peu de sang ; puis de me bien nourrir, mais avec modération ; d'éviter tout exercice forcé pendant quelques semaines. après quoi il pensait que je ne courrais aucun danger à faire une petite excursion.

Si je résistais à cette première épreuve, je pourrais, me dit-il, en toute assurance, entreprendre avec lui et un de ses amis une grande partie de chasse dans l'intérieur de l'ile. et il me promettait un plaisir extrême.

Je suivis les avis de M. Bradley, et pendant le repos indispensable qu'il m'avait tant recommandé, je m'occupai à acquérir une connaissance parfaite de la géographie de l'ile et des mœurs de ses habitants.

Trinidad est située par 10° 29' de latitude nord et 61° 34' de longitude ouest de Greenewich; elle a environ dix-huit lieues de long sur quatorze de large, et forme le rivage occidental du golfe de Paria.

Elle se compose de trois chaines de montagnes parallèles, dont celle qui longe le bord septentrional de l'ile est la plus considérable; quelques sommets s'y élèvent à la hauteur de trois mille pieds.

L'intervalle qui sépare cette chaine de celle du centre forme une plaine unie; mais entre la chaine du centre et celle du midi le terrain est légèrement ondulé.

La plus grande partie de l'ile est encore à l'état de nature, couverte de forêts magnifiques qui abondent en bêtes fauve, ainsi qu'en nombreuses troupes de péccaris ou sangliers de l'Amérique méridionale, de lapins, d'agoutis, d'armadillas et de porcs-épics.

On y trouve une énorme quantité de gros singes roux, d'autres d'une espèce blanche plus petite, et enfin des coqs-d'inde sauvages, des pigeons et des perroquets de diverses espèces, des macaus, des toucans, des orioles et des cailles.

Les marais que les Espagnols appellent *lagunas* sont habités par des canards, des sarcelles, des bécassines, des hérons, une espèce d'oison gros comme un coq-d'inde et que l'on appelle le grand **kamichy** *(palamedeae cornutoe)* et par d'innombrables poules d'eau. Enfin les plaines basses sont couvertes, au mois de septembre, de volées de pluviers.

Ainsi qu'on peut le supposer, ces oiseaux et ces quadrupèdes ne sont pas là sans avoir aussi des ennemis ; ils sont dévorés par d'énormes *boas constrictors*, de gros chats-tigres, divers oiseaux de proie, et une espèce de crocodile qui, sans être aussi gros ou aussi hardi que celui du Nil, n'en est pas moins formidable.

Après avoir passé près d'un mois à Port-d'Espagne, tuant le temps le mieux que je pouvais, je fus enfin invité par mon ami M. Bradley à faire avec lui et M. Lightfoot la chasse au cerf dans les forêts de l'île, ce que j'acceptai avec grand plaisir.

En conséquence, le lendemain, à quatre heures du matin, nous montâmes à cheval, chacun armé d'un fusil, et nous nous rendîmes dans une vallée délicieuse, à quatre milles environ de la ville, où nous trouvâmes un chasseur mulâtre, nommé Fernando, et un Indien qui lui servait d'aide.

Ils avaient amené avec eux une meute de dix chiens de différentes races, depuis le chien de renard jusqu'au barbet inclusivement, avec lesquels nous nous mîmes à l'ouvrage de la manière suivante :

Après avoir envoyé nos chevaux à une sucrerie voisine, Fernando nous plaça, mes amis et moi, à une cinquantaine de toises l'un de l'autre, le long d'une route qui traversait la vallée, couverte de champs de cannes et formée par deux montagnes de quinze cents pieds de haut, bien boisées, jusqu'à leurs sommets.

Alors Fernando et son compagnon nous quittèrent pour battre avec leurs chiens le penchant de la montagne.

Au bout d'un quart d'heure les *perros* donnèrent de la voix.

On nous avait prévenus que nous devions être sur le qui vive aussitôt que nous les entendrions, parce que les cerfs une fois lancés ne manquaient pas de se diriger vers l'autre côté de la vallée.

En effet, en moins de deux minutes nous vîmes quatre belles bêtes de l'espèce appelée *cervus ameri-*

canus, traverser la route. L'un d'entre eux fut parfaitement tué par Bradley, et un second fut blessé par l'Indien qui lui lança son coutelas avec une admirable dextérité.

Quelques secondes après, tous les chiens traversèrent la route en plein cri, et furent bientôt rejoints par Fernando qui prévoyait que le gibier serait forcé de se retourner et de traverser une seconde fois le chemin.

A peine avions-nous eu le temps de regagner nos postes, dont nous nous étions momentanément écartés, que nous revîmes les cerfs.

Fernando tua l'un d'un coup de fusil; celui qui avait été blessé par le coutelas de l'Indien fut déchiré par les chiens, et le dernier fut entouré et tué par une troupe d'esclaves qui travaillaient dans un champ de cannes à quelques pas de là.

Ayant envoyé l'un des deux animaux au propriétaire de la terre sur laquelle nous avions chassé, et fait quelques largesses aux esclaves qui les avaient tués, nous rentrâmes en triomphe au Port-d'Espagne, précédés de Fernando et de son Indien, assistés de deux nègres qui portaient notre gibier, et suivis d'une troupe de négrillons poussant des hurlements de joie.

Ce fut là le premier essai que je fis de mes forces.

Quelques semaines plus tard, quand mon ami Bradley jugea que j'étais parfaitement acclimaté, nous fixâmes le jour où nous devions partir pour notre grande excursion dans les bois.

C'était le 1er mars.

En conséquence, ce jour-là, ayant été rejoints par Fernando et son Indien, amenant avec eux trois couples des meilleurs chiens qu'ils avaient pu trouver, nous quittâmes le Port-d'Espagne, armés de fusils, de piques à sangliers et de coutelas, et munis de provisions de guerre et de bouche pour huit jours.

Bradley me conduisit dans son «Dogcart»: Lightfoot nous accompagnait à cheval.

Fernando et l'Indien formaient l'arrière-garde à pied, spécialement chargés du soin d'une petite charrette couverte, contenant nos habits, deux hamacs, deux gallons d'eau-de-vie, trois douzaines de bouteilles de vin vieux de Madère, quatre douzaines de porter, plusieurs jambons et langues fumées, une quantité suffisante de biscuits de mer, quelques petits objets encore et une grande cantine.

Le but de notre voyage était situé à douze lieues à l'est de la ville.

La route fut bonne jusqu'à la mission indienne d'Arima; c'est-à-dire pendant un peu plus de six lieues.

Plus tard, ce ne fut qu'un sentier à peine tracé dans l'épaisse forêt.

Nous passâmes la nuit à Arima, et je puis avouer que je dormis fort bien dans la cabane où l'on avait dressé nos lits de camp.

Le lendemain, le chemin n'étant pas praticable, soit pour des voitures, soit pour des chevaux, nous louâmes quelques Indiens pour porter notre bagage sur leurs têtes, et étant partis à pied au point du jour nous arrivâmes, après avoir fait trois lieues, au village de Toruré, qui n'est habité que par des soldats nègres licenciés.

Nous y trouvâmes une auberge assez passable tenue par un ancien sergent, qui nous servit un excellent déjeuner composé de fricassée de poulet, de jambon, d'œufs, avec des fruits du pays, du pain de cassave en abondance et d'excellent café.

Nous fûmes rejoints en cet endroit par un chasseur mulâtre nommé Antonio, et quatre chiens de plus.

Cet homme était célèbre par ses exploits, et certes jamais je ne vis plus belle stature.

Il avait environ trente ans et était originaire de l'Amérique méridionale; sa taille portait six pieds d'Angleterre et il était robuste à proportion de sa taille.

Après avoir pris quelques heures de repos, nous nous remîmes en route, et une marche rapide de deux lieues et demie nous conduisit au lieu où nous avions dessein de camper :

C'était sur les bords de l'Oropucho, belle rivière très-poissonneuse.

Là, nous nous occupâmes sur-le-champ de construire une cabane où, au bout d'une heure, nous fîmes confortablement assis, dinant avec du jambon frit et du vin de Madère.

Mais comment, dira-t-on, construire en une heure une cabane assez grande pour contenir à l'aise six personnes?

J'avoue que cela peut paraître surprenant, mais voici comment nous nous y primes : nous n'eûmes pas de peine à trouver quatre arbres situés de façon à pouvoir servir de pieux.

A l'aide de nos coutelas, nous taillâmes quelques poutres que nous attachâmes aux pieux avec des sarments de vigne, que l'on appelle dans le pays des cordes à singes et qui remplacent parfaitement la corde.

Pendant que les uns s'occupaient ainsi, les autres rassemblaient des feuilles de caratta ou palmier éventail en assez grand nombre pour en couvrir le toit. Tandis que la partie de la cabane exposée au vent en fut garnie, d'autres feuilles sèches jonchèrent notre plancher de terre, nos hamacs furent suspendus, et quand tout fut terminé, nous contemplâmes notre ouvrage avec orgueil et plaisir.

Dès que nous eûmes dîné, nous jetâmes un coup d'œil autour de la campagne, nous fîmes nos arrangements pour la chasse du lendemain; puis, après avoir bu une bouteille de vin et fumé un cigare, nous nous couchâmes dans nos hamacs en nous berçant doucement par la pensée des plaisirs qui nous étaient réservés.

Dans le cours de la nuit je fus réveillé en sursaut d'un profond sommeil, par une circonstance assez alarmante.

Il me semblait sentir un battement d'ailes sur mes joues, et quand je passai la main sur ma figure, j'entendis distinctement le bruit d'un oiseau qui s'envolait.

Je donnai sur le champ l'alarme, et le briquet ayant été battu, je reconnus que je venais d'être mordu par un vampire, à un pouce environ au-dessus de l'œil droit, et que le sang coulait en abondance de la blessure.

Bradley avait aussi été piqué au gros orteil, quoiqu'il ne s'en aperçût pas dans le premier moment, et tout son hamac était trempé de sang.

Etant par bonheur muni de charpie, nous eûmes bientôt bandé nos plaies et quoique Antonio s'efforçât de nous tranquilliser en nous assurant que de pareils accidents sont fort rares, j'avoue qu'il ne me fut plus possible de me rendormir de la nuit; il me semblait toujours entendre les ailes du vampire.

Au point du jour nous nous levâmes, et après avoir pris une tasse de café noir et un biscuit. Bradley et moi nous sortîmes pour aller à la recherche de quelque gibier ailé, tandis que Lightfoot et l'Indien se mettaient à pêcher.

Fernando resta pour garder la cabane.

Nous ne tardâmes pas à rencontrer une troupe de plus de douze *powis* ou dindons sauvages, et nous en mîmes sept dans notre gibecière.

Un peu plus loin, nous trouvâmes une volée de perroquets verts *(psittacus æstivus)*, dont nous abattîmes six du haut d'un arbre où ils s'étaient perchés.

Ces oiseaux, joints à une demi-douzaine de pigeons *(columba speciosa)*, à un porc-épic et à deux agoutis, furent les résultats de notre excursion matinale.

Après une absence de deux heures, nous retournâmes à la cabane, où nous trouvâmes que Lightfoot avait rapporté quatre beaux poissons, dont trois brochets.

Nous fîmes un excellent déjeuner de nos poissons cuits au court bouillon, et de nos pigeons rotis à la crapaudine, notre repas se termina par une bonne tasse de café.

Notre projet avait d'abord été de faire sortir nos chiens dès que nous aurions déjeuné, et d'aller à la recherche de quelques peccaris ou sangliers; mais Bradley souffrait des douleurs assez vives, par suite de la morsure du vampire, aussi nous remîmes cette excursion au lendemain, et après une courte sieste, nous partîmes pour aller ramasser une espèce de vers appelés des «grougrous», et recueillir du miel et de la vanille, ce qui ne nous promettait qu'un faible amusement pour notre journée.

Mais à peine étions nous parvenus à deux cents pas de notre cabane, que nous aperçûmes, assis dans les branches d'un grand arbre, une trentaine de gros singes rouges.

Nous commençâmes sur-le-champ un feu de file qui leur fit peu de mal, car notre plomb n'était pas assez fort.

Ils se sauvèrent tous, à l'exception d'une femelle que nous avions atteinte et qui tomba avec son petit attaché à son sein comme un enfant à celui de sa mère.

A quelques pas plus loin, nous sentîmes tout à coup une odeur de vanille, mais nous fûmes long-temps avant de trouver la plante qui la répandait.

Antonio la découvrit enfin : elle s'élevait en serpentant autour d'un arbre mort.

Nous en enlevâmes une douzaine de gousses, après quoi nous nous rendîmes à l'arbre au miel qu'Antonio avait découvert dans ses précédentes excursions.

Il était creux, et la ruche était placée à quelques pieds du sol.

Pour nous la procurer, il fallut abattre l'arbre : ce fut l'ouvrage de quelques minutes seulement pour les bras vigoureux d'Antonio, et quoiqu'il se répandit beaucoup de miel dans la chute, nous parvînmes cependant à en remplir trois ou quatre jarres.

Il ne nous restait plus alors que les « grongrous » à chercher.

Nous en trouvâmes une ample provision dans le cœur d'un chou palmiste qu'Antonio avait abattu un mois auparavant, dans le double but d'en manger la tête et de laisser le tronc par terre, afin qu'une espèce de gros scarabée y vînt déposer ses œufs, d'où sortent avec le temps des vers ou des chenilles qui se mangent grillés, et dont le goût surpasse en délicatesse celui de la moelle la plus fine.

Ces chenilles devaient former une partie de notre dîner ; et comme c'était la première fois que j'en mangeais, j'eus quelque peine à vaincre la répugnance qu'elles m'inspiraient, mais je n'eus pas à me repentir d'avoir cédé aux persuasions de mes amis, ce mets est réellement délicieux.

Le reste de notre repas se composa d'une soupe au perroquet, d'un porc-épic à l'étuvée, d'un agouti à la broche, d'un dindon sur le gril, d'un chou palmiste cuit et d'un autre cru en salade.

Nous restâmes à table jusquau moment où la nuit vint nous avertir qu'il était temps de chercher le repos, pour nous préparer aux exploits du lendemain.

Notre ennemi, le vampire, ne nous visita pas cette nuit ; mais nous fûmes assaillis par d'autres qui, bien moins effrayants, nous tracassèrent davantage : ce furent des essaims de moustiques qui me privèrent de repos pendant une bonne partie de la nuit.

Nous quittâmes nos hamacs au point du jour, et, laissant l'Indien pour garder la cabane, nous nous partageàmes en deux détachements.

Bradley et moi nous allàmes d'un côté avec Antonio et ses chiens, tandis que Lightfoot et Fernando partirent avec leur meute dans une autre direction.

Cet arrangement se fit par suite d'un pari, entre nos sombres chasseurs, à qui tuerait le plus de gibier.

Le détachement auquel j'appartenais avait fait environ un demi-mille quand les chiens ayant commencé à aboyer à cent pas environ de nous, nous y courûmes, et quelle fut notre surprise en voyant devant eux un énorme boa constrictor qui, la tète haute et sifflant de toute sa force, les tenait en échec !

J'étais d'avis de tirer dessus à l'instant même, mais Antonio me retint, en me disant que je ne savais pas comment le tuer.

Il éloigna ensuite les chiens, dont l'un ayant eu l'imprudence d'approcher de trop près de sa majesté serpentine, en fut si rudement secoué qu'il se retira en hurlant de toute sa force.

Après avoir dit à Bradley et à moi de nous tenir un peu en arrière pour lui prêter secours en cas qu'il en eût besoin.

Antonio s'avança jusqu'à huit pieds environ du monstre, dont les sifflements qui sortaient de sa gueule béante devenaient de plus en plus horribles,

Le chasseur visant avec justesse, lui envoya dans le gosier une charge de plomb qui le tua roide sur place.

Cet énorme animal avait plus de vingt pieds de long, et la circonférence de son corps surpassait de beaucoup celle de la forme de mon chapeau.

Une difficulté se présentait encore, c'était de transporter à notre cabane ce témoignage de notre prouesse, afin que sa peau pût être enlevée et conservée.

Nous y parvînmes en l'attachant à un long bâton; ce ne fut pourtant pas sans peine que nous pûmes le porter chez nous, où nous chargeâmes l'Indien de l'écorcher; après quoi nous rentrâmes immédiatement dans la forêt.

Au bout d'une demi-heure, Antonio, qui nous précédait toujours de quelques pas, s'arrêta et fit entendre un faible sifflement, signal convenu pour indiquer qu'il voyait du gibier.

Nous jetâmes donc les yeux du côté qu'il nous montrait du doigt, et nous aperçûmes, à environ trente pas, de nous, un troupeau d'une vingtaine de peccaris, qu'à notre étonnement les chiens n'avaient pas encore flairé.

Nous fîmes feu sur le champ : l'un d'eux tomba, et les autres s'étant sauvés, les chiens coururent après eux.

Un blessé fut bientôt rejoint et dépêché avec nos lances, et un peu plus loin nous en trouvâmes encore quatre qui s'étaient réfugiés dans un terrier, sous les racines d'un arbre gigantesque.

Nous leur décochâmes une volée, et puis étant tombés sur eux avec nos lances, nous les tuâmes tous, mais ils avaient malheureusement fait à notre basset d'Ecosse, le même qui avait été maltraité par le boa, une blessure si grave que nous fûmes obligés de tirer un coup de fusil sur la pauvre bête pour mettre fin à ses souffrances.

Après cette dernière expédition, il était temps de songer au retour.

Bradley et moi nous nous chargeâmes chacun d'un peccari suspendu à une corde de singe, et notre her-

cule d'Antonio prit à lui seul sur son dos les quatre
autres.

Etant arrivés à la cabane à dix heures du matin,
nous y fûmes bientôt rejoints par Fernando et Lightfoot qui apportaient un jeune faucon de six semaines,
un peccari et deux tatous ou armadillas.

D'après la décision de Bradley, le prix de la ga-
geure fut adjugé à Antonio; et quand nous eûmes
déjeuné, nous nous occupâmes d'abord à fumer tout
le gibier de notre chasse dont nous n'avions pas besoin le jour même, puis à étendre la peau du boa
pour la sécher. Nous nous couchâmes enfin dans nos
hamacs pour faire la sieste.

Dès que nous fûmes reposés, nous nous remîmes
en route, et revînmes en moins d'un quart d'heure
avec cinq coqs d'Inde, trois pigeons, dix perroquets
et deux grands aras *(macaws),* sans compter deux
poissons que nous trouvâmes pris dans nos filets.

On peut juger par là si nous eûmes ce jour-là un
splendide dîner.

Notre festin se composa de poissons, de volaille,
de viande, d'insectes et même d'un reptile, car l'Indien de Fernando avait tué une guani, espèce de
gros lézard qui, accommodé en fricassée, peut se
comparer au poulet le plus délicat.

Le repas terminé, nous réglâmes les opérations de la journée suivante.

Il fut décidé que nous tuerions autant de gibier que nous pourrions avant le déjeuner, et que nous repartirions ensuite pour la ville.

Ainsi que nous étions convenus la veille, nous nous levâmes avant le jour, et ayant pris notre café, suivant l'habitude, nous sortîmes, partagés encore en deux détachements.

Au bout de deux heures, nous revînmes à la cabane avec onze coqs d'Inde, neuf pigeons, quinze perroquets et un porc-épic.

Je me dispense de rendre compte du reste de notre voyage, qui n'offrit d'ailleurs aucune aventure digne d'être rapportée ; mais je ne puis m'empêcher de remarquer que lorsqu'à six heures du soir nous rentrâmes en ville, notre dogcart littéralement surchargé de gibier, les habitants du Port-d'Espagne nous contemplèrent avec un étonnement mêlé d'admiration, qui ne laissa pas de nous inspirer un juste et noble orgueil.

FIN

TABLE DES MATIÈRES

St-mand. — Imp. de Destenay.

TABLE ALPHABÉTIQUE

DU CATALOGUE DE LA LIBRAIRIE ACHILLE FAURE

18, rue Dauphine

ANONYMES.

L'Empereur à l'Institut. Une Brochure in-8.. . . . . . 1 »
Dieu pour tous. Une brochure in-8. . . . . 1 »
Le Rhin. Brochure in-8 . . . . 1 »
Les Inondations (causes et remèdes). Brochure in-8. . . 1 »
Plan de Paris (magnifique plan Furne), mis au courant
  de tous les derniers changements.
     Cartonné et plié. . . . . 3 »
     Cartonné et collé sur toile.. . . . . · . . . . 5 »
Paris instantané. PLAN A AIGUILLE. Cartonné et plié. . 2 50
     Cartonné et collé sur toile. 4 50
Les Songes dévoilés par le spiritisme. . . . . 2 »
**La France travestie ou la Géographie apprise en
  riant.** 1 joli volume in-18, orné d'un frontispice illustré. 1 »
A travers les portes. 1 vol.. . . . . 3 »
Mémoires d'une biche anglaise. 1 charmant volume. 3 »
Une autre biche anglaise. Suite du volume précédent. 3 »
Mémoires d'une honnête fille, avec le portrait de l'au-
  teur, gravé sur acier, par Staal. 1 vol. . . . . 3 »
Voyage à la lune. 1 vol., avec une gravure. . . . . . 3 »
Souvenirs intimes d'une dame du lac. 1 vol.. . . . 3 »
Mémoires d'une biche russe. 1 vol. . . . . 3 »
La Saison musicale. 1 vol. . . . . 2 »
L'Art d'accommoder les restes. 1 vol. cartonné. . . 1 25
La Cuisine pour tous. 1 vol. cartonné. 1 25

AMEZEUIL (Cte D').

Les Amours de contrebande. 1 vol. . . . . 3 »

ARNOULT (Eugène D').

La guerre de Pologne en 1863. 1 vol. in-18 jésus. 1 »
Les Brigands de Rome. 1 vol. . . . . 1 »

ASSOLLANT (A.).

Mémoires de Gaston Phœbus. 1 vol.   3   »

ASTRIÉ.

Les Cimetières de Paris, guide topographique et artistique. 1 vol. orné de trois plans.   2   »

AUDOUARD (Mme O.).

Un Mari mystifié. 1 vol.   3   »

BARBARA (CH.).

Histoires émouvantes. 1 vol.   1   »

BARBEY D'AUREVILLY.

Un Prêtre marié. 2 vol.   6   »
Une Vieille Maîtresse. 1 vol.   3   »

BARNUM.

Les Blagues de l'univers. 1 vol.   3   »

BELOT et E. DAUDET.

La Vénus de Gordes. 1 vol.   3   »

BERGERAT (ÉMILE).

Une amie, comédie en 1 acte en vers, représentée au Théâtre Français..   1   »

BILLAUDEL (E.).

Histoire d'un trésor. 1 vol.   1   »
La Mare aux oies. 1 vol.   1   »

BLANC (CASIMIR).

Jeanne de Valbelle. 1 vol.   1   »

BLANQUET (ROSALIE).

La Cuisinière des ménages. 1 beau vol. cartonné. .   3   »

BONHOURE.

Méthode de lecture. 1 vol. cart.   50
Premières lectures courantes. 1 vol. cart.   70
Premières lectures instructives. 1 vol. cart.   90

BOSQUET (E.).

Une Femme bien élevée. 1 vol.   3   »

BRÊHAT (DE).

Un Mariage d'inclination. 1 vol. . . . . 3 »
La Sorcière noire. 1 vol. . . . . 3 »

BRIDE (CHARLES).

L'Amateur photographe, *Guide usuel de photographie*, à l'usage des gens du monde, orné de nombreuses vignettes et suivi d'un abrégé de chimie photographique. . . . . . . 3 »

BROT (A.).

La Cousine du roi. 1 vol. . . . . 3 »

BUSSY (DE).

Dictionnaire de l'art dramatique. 1 vol. . . . . . . 4 »
Dictionnaire d'éducation. 1 vol. . . . . 1 »

CATHERINEAU.

Le Paramaribo. 1 vol. . . . . 3 »

CAUVIN (J.).

Les Proscrits de 93. 1 vol. . . . . 3 »

CENDREY (C. DE).

Bill-Biddon. 1 vol. . . . . 1 »
Nathan-Todd. 1 vol. . . . . 1 »

CHALIÈRE (LOUIS).

Ingenio. 1 vol. in-18. . . . . 1 »

CHAMPFLEURY.

La tante Péronne. 1 vol. . . . . 3 »

CHARLES (VICTOR).

La Béguine de Bruges. 1 vol. in-32. . . . . 1 »

CIMINO.

Les Conjurés, roman traduit de l'italien par Chenot. 2 vol. 6 »

CLARETIE (JULES).

Les Ornières de la vie. 1 vol., orné de deux vignettes. 1 »
Un Assassin. 1 vol. . . . . 3 »
Voyages d'un Parisien. 1 vol. . . . . 3 »

COMETTANT (OSCAR).

En Vacances. 1 vol., orné de deux vignettes. . . . . . 3 »

COMETTANT (Oscar). (Suite.)

L'Amérique telle qu'elle est. 1 vol. . . . . 3 »
Le Danemark tel qu'il est. 1 vol. . . . . 4 »
Un Petit Rien tout neuf. 1 vol. in-18 jésus . . . . 3 »
Le Naufrage de l'Evening Star. Brochure in-8. . . . 1 »

CONTY (DE).

Paris en poche. Guide pratique, illustré de nombreuses
gravures. Un vol. élégamment cartonné. . . . . 4 »
Paris populaire 2 50
Londres en poche. Guide pratique du voyageur à Londres.
1 vol. élégamment cartonné. . . . . 4 »
Plan de Londres. Guide indicateur instantané. 2 50
Les bords du Rhin en poche. Guide pratique et illustré.
1 vol. élégamment cartonné. . . . . 5 »
Guides pratiques des voyages circulaires, rédigés
sous les auspices des Compagnies.

Bruxelles.	2 »	La Suisse et le grand-du-	
Belgique et Hollande.	2 50	ché de Bade.	2 50
Belgique.	2 50	Suisse française.	2 50
Bords du Rhin.	2 50	Alsace et Vosges.	2 50
L'Oberland Bernois.	2 50	Les Côtes de Normandie.	2 50

CORTAMBERT (Richard).

Impressions d'un Japonais en France. 1 vol. . . . 1 »

DASH (Ctesse).

Le Chien qui sème des perles. . . . . 3 »

DAURIAC.

La Télégraphie électrique. 1 vol. . . . . 1 »

DEBANS (Camille).

Sous Clef. 1 vol. . . . . 1 »

DELVAU.

Françoise. 1 vol. in-32, avec une eau-forte de Thérond. 1 50
Le Fumier d'Ennius. 1 vol. in-18, avec une eau-forte. 3 »
Le Grand et le Petit Trottoir. 1 vol. . . . . 3 »
Du pont des Arts au pont de Kehl. 1 vol. . . . . . . 3 »
A la porte du Paradis. 1 vol. . . . . 3 »
Les Plaisirs de Paris. 1 vol. élégamment cartonné. . . 4 »

DEMMIN (A.).

Une Vengeance par le mariage. 1 vol.   3

DESLYS (CHARLES).

Les Bottes vernies de Cendrillon. 1 vol. . . . . . .   3 '»

DIDEROT.

Le Neveu de Rameau. 1 vol. . . . .   1 »

DUBOYS (JEAN).

La Combes noire. 1 vol. . . . .   3 »

DUSOLIER (ALCIDE).

Nos Gens de lettres, *critiques et portraits littéraires.* 1 vol.   1 »

EMMANUEL.

De la Madeleine à la Bastille, vaudeville en un acte. .   1 »

ÉNAULT (ÉTIENNE).

Scènes dramatiques du mariage. 1 vol. in-18 jésus.   3 »
L'Homme de minuit. 1 vol. . . . .   3 »

EYMA (X.).

La Mansarde de Rose. 1 vol. . . . .   3 »

FEUTRÉ (ANGÉLY).

Une Voix inconnue. 1 vol. 2 50
Passe-port d'un inconnu. 1 vol. 3 50

FÉVAL (P.).

Les Mystères de Londres. 2 vol. . . . .   6 »
L'Homme de fer. 1 vol. . . . .   3 »

FROMENT (RUSTIQUE).

Meyerbeer et Thérésa. 1 vol. . . . .   2 »

GAGNEUR (L.-M).

La Croisade noire. 1 fort vol. in-18 jésus. 3 50
Le Calvaire des Femmes. 1 vol. . . . .   3 »

GONZALÈS (EMMANUEL).

Les Sabotiers de la Forêt Noire. 1 vol. . . . .   3 »
Les Sept Baisers de Buckingham. 1 vol. in-18. . . .   3 »
Le Vengeur du mari. 1 vol. . . . .   3 »

GOUDAL (L.).

L'Hermine de village. 1 vol. . . . . 3 »

GOURDON DE GENOUILLAC.

Comment on tue les femmes. 1 vol. in-18 jésus. . . . 1 »

GRANDET.

Donaniel. 1 vol. avec eau-forte de Flameng. 3 50

GRANGER (Ed.).

Fables nouvelles. 1 vol. in-18 jésus. . . . . 1 »

GRAUX.

Le roman d'un zouave. 1 vol. . . . . 1 »

GRAVILLON (Arthur de).

A propos de bottes. 1 vol. in-8, avec 86 vignettes. . . 3 »
J'aime les morts. 1 vol. imprimé par Perrin, de Lyon. . 6 »
Sur une pointe d'aiguille. 1 vol. in-8. . . . . 1 »
De l'Oisiveté incomprise. Brochure in-8. . . . . 1 »

HALT (Robert).

Une Cure du docteur Pontalais. 1 vol. . . . . 3 »

HEILLY (Georges d').

Les Morts royales. 1 vol. . . . . 3 »

HENRIET (F.)

Le Paysagiste aux champs. 1 vol. in-8, illustré de 12
eaux-fortes. . . . . 6 »
Il a été tiré 20 exemplaires numérotés sur papier de Hollande,
épreuves avant la lettre. Prix. . . . . 20 »

HERZ (H.).

Mes Voyages en Amérique. 1 vol. . . . . 3 »

HOCQUART.

Le Vétérinaire pratique. 1 vol. . . . . 3 »
La Tenue des livres pratique. 1 fort vol. in-12. . . . . 3 »

JANIN (Jules).

Circé. 1 volume imprimé avec luxe et orné d'une charmante
eau-forte.. . . . . 3 »

JOLIET (C.).

Le Médecin des dames. 1 vol. . . . . 3 »

Le Roman de deux jeunes mariés. 1 vol. . . . . . . 3 »
Une Reine de petite ville. 1 vol. . . . . 3 »
Romans microscopiques. 1 vol. . . . . 3 »
Les Athéniennes. 1 vol. de poésies. . . . . 3 »

KOCK (Henry de).

Les Mémoires d'un Cabotin. 1 vol., avec 3 gravures. . 1 »
La Voleuse d'amour. 1 vol., avec 5 gravures. . . . . . 1 »
Les Accapareuses. 1 vol., avec 2 gravures. . . . . . . 1 »
La Nouvelle Manon. 1 vol., avec une eau-forte. . . . . 1 »
Guide de l'Amoureux à Paris. 1 vol., avec une vignette. 1 »
Le Roman d'une Femme pâle. 1 vol. avec une eau-forte. 3 »
Les Petites Chattes de ces Messieurs. 1 vol. in-18. 1 »
L'Amour bossu. (Nouvelle édition) . . . . 1 »
Le Marchand de Curiosités. 1 vol. . . . . 3 »

LACRETELLE (H. de).

Le colonel Jean. 1 vol. . . . . 1 »

LANNEMAS (Ch. de).

L'Idole de sable. 1 vol. . . . . 2 »

LARCHER.

Un Dernier mot sur les femmes. 1 vol. in-32 jésus. . 75

LECOMTE (Henry).

Biographies. Virginie Déjazet. . . . . 1 »
   —   Frédérick Lemaître. . . . . 1 »
   —   Bouffé. . . . . 1 »

LEFEUVE.

Les anciennes Maisons de Paris sous Napoléon III,
cinq beaux vol. suivis d'une table de concordance. . . . . 25 »

LÉO (André).

Un Mariage scandaleux. 1 vol. . . . . 3 »
Une vieille Fille. 1 vol. in-18 jésus, avec une vignette. . 2 »
Les deux Filles de M. Plichon. 1 vol. . . . . 3 »
Jacques Galéron. 1 vol. . . . . 1 »
Observations d'une mère de famille à M. Duruy. 1 »

LÉO LESPÈS (Thimothée Trimm).

Avant de souffler sa bougie. 1 vol. in-18 jésus. . . . 3 »
Spectacles vus de ma fenêtre. 1 vol. . . . . 3 »

LEROY-BEAULIEU.

Une troupe de comédiens. 1 vol. . . . . 3 »

LESCURE (M. DÈ).

Les Amours de Henri IV. 1 fort vol. in-18 **jésus, orné**
de quatre beaux portraits historiques . . . . **4** •

Il a été tiré de ce livre cent exemplaires numérotés. Il reste à vendre seulement quelques exemplaires sur vélin, à 8 fr.

Les Amours de François Ier. 1 vol. avec une eau-forte. **3** »

Il a été tiré de ce livre dix exemplaires numérotés (1 à 10) sur chine, à
20 fr.; dix (11 à 20) sur papier de Hollande, à 18 fr.; quarante (21 à 60) sur
beau jésus vélin à 6 fr.

Lord Byron. 1 vol., avec portrait. . . . . **8** »

LOTHIAN (MARQUIS DE).

La Question américaine. 1 vol. in-8. . . . . **6** •

MALO (CH.).

Femmes et Fleurs, *petites photographies badines.* 1 joli vol.   1 50

MARANCOUR (DE).

Rien ne va plus. La Rouge et la Noire. 1 vol. in-18.   1   »
Confessions d'un commis-voyageur.   3   »

MARCHEF GIRARD (Mlle).

Des Facultés humaines et de leur développement
par l'éducation. 1 vol. in-8. . . . . 7 50

MARESCHAL.

Le Coffret de Bibliano. 1 vol. des Nouvelles. 1 50

MARGRY.

Belin d'Esnambuc et les Normands aux Antilles.
1 vol. in-8. . . . . 2 50

MAROTEAU (GUSTAVE).

Les Flocons. 1 vol. de poésies.   2   »

MARX (ADRIEN).

Les Romans du wagon. 1 vol.   3   »
Indiscrétions parisiennes. 1 vol.   3   »

MÉRAT (ALBERT).

Les Chimères. 1 vol.   3   »

MIE D'AGHONNE.

Le Mariage d'Annette. 1 vol.   3   »

MINORET (EUGÈNE).

L'Oraison dominicale. 1 vol. in-32 jésus, imprimé avec
luxe par Perrin, de Lyon.   4   »

MOLÉRI.

La Terre promise. 1 vol. . . . . 3 »

L'Amour et la Musique. 1 vol. . . . . 3 »

MOLIÈRE.

Nouvelle édition imprimée par Perrin, de Lyon, avec une eau-
forte en tête de chaque acte. 6 vol. Chaque. . . . . 20 »

MONOT.

**De l'Industrie des Nourrices et de la mortalité
des petits enfants.** 1 vol. in-8. . . . . 3 »

MONSELET (Ch.).

De Montmartre à Séville. 1 vol. . . . . 3 »

Portraits après décès. 1 vol. . . . . 3 »

MONTEMERLI (Ctesse Marie).

Entre deux Femmes. 1 vol. in-18 jésus. . . . . 3 »

MORNAND (F.)

Garibaldi. 1 vol. . . . . 2 »

NADAUD (G.).

Chansons; nouvelle édition contenant toutes les nouvelles
chansons. 1 vol. in-18 jésus. . . . . 4 »

NEUKOMM (Edmond).

Histoire du Freischütz. 1 vol. . . . . 1 »

NOIR (L.)

Souvenirs d'un Zouave :

    Montébello, etc. 1 vol. . . . . 1 »

    Magenta. 1 vol. . . . . 1 »

    Solférino. 1 vol. . . . . 1 »

NOIRIT (Jules).

Haydée. 1 vol. 3 »

OLLIVIER (Raoul).

Séduction. 1 vol. in-18 jésus. . . . . 1 »

ORDINAIRE (Raoul).

Marius et les Teutons. 1 vol. . . . . 1 »

PAUL (Adrien).

Les Finesses de d'Argenson. 1 vol. in-18 jésus. . . 1 »

Nicette. 1 vol. 1 »

Théresa. 1 vol. 1 »

Un Anglais amoureux. 1 vol. . . . . 1 »

PAYA (Ch.).

Les Cachots du Pape, 2ᵉ édit. 1 vol. in-18 jésus. . . . . 1 »

PÉRIER (C.).

La Grève des amoureux. 1 vol. . . . . » »

PONSON DU TERRAIL.

Le Trompette de la Bérésina. 1 vol. . . . . 3 »

PIC (Ulysse).

Lettres gauloises. 1 vol. in-18 jésus. . . . . 1 »

POUCEL (Benjamin).

Les Otages de Durazno, souvenirs du Rio de la Plata. In-8 6 »
Mes Itinéraires au Rio de la Plata. Une brochure in-8 . 1 »

POUPILLIER (C.).

Une Ode de Sapho. In-8. . . . . 2 »

POUPIN (Victor).

Un Chevalier d'amour. 1 vol. in-18 jésus. . . . . . . 3 »
Un Mariage entre mille. . . . . 1 »
Un Bal à l'Opéra. 1 vol. . . . . 1 »

POURRAT.

Vercingétorix. Étude dramatique en prose et en vers. 1 vol. 3 »

PRUDHOMME SULLY.

Stances et poëmes. 1 vol. de poésies. . . . . 3 »
Les Épreuves. 1 vol. de poésies. . . . . 3 »

RAMBAUD (Y.).

Les Théâtres en robe de chambre. 1 vol. . . . . 3 »
Une Parvenue. 1 vol. . . . . 3 »

RATTAZZI (Mᵐᵉ, née DE SOLMS).

Les Soirées d'Aix-les-Bains. 1 vol. . . . . 1 »

RAZOUA.

Souvenirs d'un spahis. 1 vol. . . . . 3 »

RÉAL (Antony).

Les Francs-Routiers. 1 vol. . . . . 1 »
Les Tablettes d'un forçat. 1 vol. . . . . 1 »

RÉVOIL (Bénédict-Henry).

Un Cœur pour deux. 1 vol. . . . . 1 »

REYNOLDS.

Les Mystères de la cour de Londres. 1 vol. . . . . . 8 »
  1re partie : Fernanda. 1 vol. . . . . 3 »
  3e partie : La Comtesse de Desborough. 1 vol. . . . . . 3 »
  4e partie : La belle Octavie. 1 vol. . . . . 3 »

RIGAUDIÈRE (DE LA).

Histoire des persécutions religieuses. 1 vol. . . . . 2 »

ROSSIGNOL (L.).

Lettre d'un mauvais jeune homme à sa Nini. 1 vol. 3 »

ROSTAND (E.)

La seconde page. 1 vol. in-8. . . . . 5 »
Ébauches. . . . . 4 »
  Ces deux volumes sont imprimés avec grand luxe par Perrin, de Lyon.

ROUSSELON.

Le Jardinier pratique. 1 vol. . . . . 3 »

SAUVESTRE (Ch.).

Les Congrégations religieuses. 1 vol. . . . . 3 »

SCHOLL (A.).

Les Cris de paon. 1 vol. . . . . 3 »

SÉGALAS (Mme A).

Les Mystères de la maison. 1 vol. . . . . 3 »

STAPLEAUX.

Le Roman d'un fils. 1 vol. . . . . 3 »
Le Château de la rage. 1 vol. . . . . 3 »

THÉNESOL (A.).

Didier. 1 vol. . . . . 3 »

THOUZERY (P.).

La Femme au XIXe siècle. 1 vol. . . . . 3 »

TOUROUDE (A.).

Messieurs les Cerfs. 1 vol. . . . . 3 »

VALLÈS (J.).

Les Réfractaires. 1 vol. . . . . 3 »
La Rue. 1 vol. . . . . 3 »
Les Aventuriers de la Seine. 1 vol. . . . . 3 »

VERNEUIL (DE).

Les Petits Péchés d'une grande dame. 1 vol.. . . . 3 »

VIAL (A. A.).

Aventures du Nouveau Monde. 1 vol. . . . . 3 »

VIGNEAU.

Une Fortune littéraire. 1 vol. . . . . 3 »

WALLACE (S.-Jones).

Jefferson Davis. Broch. in-8 . . . . 1 »

WAILLY (J. de).

La Vierge folle. 1 vol. . . . . 3 »
Mémoires d'un homme à bonnes fortunes. 1 vol. 3 »
La Voisine. Pièce en 1 acte. . . . . 1 »

ZACCONE (P.)

Histoire anecdotique de la poste. 1 vol. . . . . . 3 »

ZOLA (ÉMILE).

Le Vœu d'une morte. . . . . 3 »
Mes Haines. . . . . 3 »

St-Amand (Cher).— Imp. de Destenay.